In 30 Minuten wissen Sie mehr!

Dieses Buch ist so konzipiert, dass Sie in kurzer Zeit prägnante und fundierte Informationen aufnehmen können. Mithilfe eines Leitsystems werden Sie durch das Buch geführt. Es erlaubt Ihnen, innerhalb Ihres persönlichen Zeitkontingents (von 10 bis 30 Minuten) das Wesentliche zu erfassen.

Kurze Lesezeit

In 30 Minuten können Sie das ganze Buch lesen. Wenn Sie weniger Zeit haben, lesen Sie gezielt nur die Stellen, die für Sie wichtige Informationen beinhalten.

- Alle wichtigen Informationen sind blau gedruckt.

- Schlüsselfragen mit Seitenverweisen zu Beginn eines jeden Kapitels erlauben eine schnelle Orientierung: Sie blättern direkt auf die Seite, die Ihre Wissenslücke schließt.

- *Zahlreiche Zusammenfassungen innerhalb der Kapitel erlauben das schnelle Querlesen.*

- Ein Fast Reader am Ende des Buches fasst alle wichtigen Aspekte zusammen.

- Ein Register erleichtert das Nachschlagen.

Inhalt

Vorwort

Als Lehrkraft haben Sie nicht nur einen Job, sondern viele. Sie sind unter anderem Rednerin und Moderator, Motivationscoach und Erklärbär, Sozialarbeiterin und Seelsorger, Teilzeit-Freiberufler und Vergleichsarbeiten-Sachbearbeiterin. Dieser Abwechslungsreichtum macht das Lehramt manchmal wundervoll spannend, dann wieder schrecklich anstrengend – aber immer höchst anspruchsvoll zu planen.

Denn Sie müssen all diese Anforderungen nicht nur koordinieren und erfüllen, Sie müssen auch immer damit rechnen, dass Ihr Plan plötzlich umgeworfen wird. Weil Sie so viel mit Menschen zu tun haben, bleibt das Unvorhersehbare Ihr ständiger Begleiter. Wer jedoch ständig von einem Termin zur nächsten Unterbrechung hechelt, droht sich im Netz der scheinbaren Notwendigkeiten zu verheddern: Wenn wir nur noch reagieren, geben wir die Hoheit über unser Leben aus der Hand.

Dieses Buch hilft Ihnen, diese Hoheit zurückzugewinnen. Es zeigt, wie Sie Ihre Kräfte wieder an Ihren eigenen Werten und Zielen ausrichten und zwischen Schülern, Eltern und Kollegen eine möglicherweise schon fast verloren geglaubte Person wiederfinden: nämlich sich selbst.

Denn für Lehrkräfte gilt noch mehr als für viele andere Professionen: Nur wenn Sie Ihre eigenen Bedürfnisse außerhalb des Berufs – als Freund, Mutter, Partner oder schlicht als Mensch – im Blick behalten, können Sie auch als Pädagogin oder Pädagoge empathisch, leistungsfähig und nicht zuletzt glücklich sein.

Viel Erfolg mit Ihrem persönlichen Zeit- und Lebensmanagement wünschen Ihnen

Lothar Seiwert und *Michael Schülke*

www.Lothar-Seiwert.de
www.maiss.de
https://app.lehrer-app.com/

30 MINUTEN

Wissen Sie, wie Sie Ihre Zeit verbringen?

Kennen Sie die Hauptfaktoren, die bei Lehrkräften über ein erfolgreiches Zeitmanagement entscheiden?

Wissen Sie, wie Sie auch in hektischen Momenten die Kontrolle über Ihre Zeit behalten?

1. Immer im Dienst

„Es ist nicht zu wenig Zeit, die wir haben,
sondern es ist zu viel Zeit, die wir nicht nutzen."
Lucius Annaeus Seneca

Junge Menschen auf ihrer Entdeckungsreise in die Welt zu begleiten, ihnen Kenntnisse und Fähigkeiten für ihr Leben zu vermitteln, kann eine der schönsten Aufgaben der Welt sein. Natürlich erfordert das viel Engagement, Geduld und Einfühlungsvermögen, aber die meisten Lehrerinnen und Lehrer leisten das gern. Doch leider ist ihr Job damit noch nicht getan. Pädagogen sind auch Ansprechpartner für Eltern und Kollegen, sie erfüllen meist noch diverse Sonderaufgaben und sind in die Schulbürokratie eingebunden.

Lehrplan und *Schuljahres-Termine* geben strikte Rahmenbedingungen vor, die nicht selten mit den administrativen Aufgaben kollidieren. Dieser Spagat lässt sich am besten meistern, wenn man die Verwendung der eigenen Zeit geschickt steuert und sein Zeitmanagement an die speziellen Herausforderungen des Schullebens anpasst. Welche das sind, erfahren Sie in diesem Kapitel.

1.1 Zeitdiebe und Störteufel

Jeder Tag hält stets die gleiche Anzahl an Stunden, Minuten und Sekunden für uns bereit. Wir können die Zeit, die uns zur Verfügung steht, weder vermehren noch einlagern, weder kaufen noch sparen.

Dennoch behandeln wir die Zeit oft so, als hätten wir unendlich viel davon. Vielleicht, weil wir die Erfahrung gemacht haben, dass sie uns jeden Morgen aufs Neue zur Verfügung steht: Mit Erleichterung freuen wir uns dann über das frisch aufgefüllte *Zeitkonto*, über die 1.440 Minuten des neuen Tages, und erlauben nicht nur uns selbst, mit unserer Zeit sorglos umzugehen, sondern gestehen dieses Privileg auch anderen zu.

Wer nur rotiert, kommt nicht vom Fleck

Doch durch diese Hintertür schleichen sich *Zeitdiebe* in unser Leben ein. Sie bewirken, dass wir unsere Zeit in kleinen Portionen vergeuden, dass unsere Planung nach und nach aus dem Ruder läuft und schließlich unsere eigentlichen Ziele in immer weitere Ferne rücken. Und am Ende des Tages stellen wir fest, dass wir kaum etwas erledigt haben, obwohl wir dauernd beschäftigt waren.

Solche Zeitdiebe sind zum Beispiel all die dringenden Anfragen und gutmütig zugesagten Aufgaben, die sich scheinbar „schnell noch" erledigen lassen, dadurch eigentlich ganz harmlos wirken, aber zusammengenommen viel Aufmerksamkeit und Energie binden. Das sind aber auch kleine Ablenkungen und Unkonzentriertheiten, die uns von unseren Plänen abweichen und Wichtigem ausweichen lassen. Und das sind auch all die Besprechungen und Termine, die nur zu einem kleinen Teil unseren persönlichen Zielen dienen.

Typische Zeitdiebe, die viele Lehrkräfte heimsuchen:

- Spontane Absprachen und Diskussionen mit Kollegen auf dem Gang, die ohne konkretes Ergebnis bleiben
- Plötzlich auftretende Bitten und Nöte von Schülern
- Dokumente, Unterschriften und Materialien, die von Schülern oder Kollegen nicht termingerecht abgegeben wurden und denen man hinterherrennen muss
- Unergiebige Konferenzen, die zu lang und schlecht strukturiert sind
- Gespräche, Anrufe und E-Mails von Eltern außerhalb der Sprechzeiten
- Langwierige und umständliche Diskussionen im Kollegium über Termine und Organisationsdetails, die sich auch schriftlich oder online koordinieren lassen
- Zu viele und unvorhergesehene Zusatzaufgaben
- Schwierigkeiten, Nein zu sagen, und der Versuch, auf allen Hochzeiten zu tanzen
- Aufschieben ungeliebter Aufgaben, die dann zu dringenden Problemen werden
- Falsch gesetzte Prioritäten, vor allem das Vorziehen unwichtiger Aufgaben

- Unordnung und verstreute Unterlagen, die zu längerem Suchen führen
- Selbermachen, um Zeit zu sparen, anstatt durch Delegieren langfristig Aufgaben zu reduzieren
- Mangelnde Zielklärung, sodass nicht klar ist, was eigentlich erreicht werden soll

Einige dieser Zeitdiebe haben wir selbst im Griff, andere nicht; einige lassen sich besser, andere schlechter vermeiden. Aber klar ist: Wer zu vielen davon nachgibt, strampelt sich bald in alle Richtungen gleichzeitig ab, versucht verzweifelt, tausend Dinge unter einen Hut zu bekommen, und verliert sich in immer länger werdenden To-do-Listen.

Wie aus berechtigten Anfragen Zeitdiebe werden

Der Schulalltag mit seiner nie versiegenden Flut an Problemen, Bitten und sonstigen Hilferufen ist ein besonders fruchtbarer Nährboden für Zeitdiebe. Und gerade hier ist es besonders schwierig, sich gegen sie zu wehren: Oft ist ein *striktes Nein* kaum möglich, geschweige denn wünschenswert. Denn natürlich sollten Pädagogen hilfsbereit sein und ein offenes Ohr für Schüler und Kollegen haben. Das heißt aber nicht, dass man stets ansprechbar und für Anfragen erreichbar sein muss. Es heißt auch nicht, dass man jeder Bitte sofort nachkommen, jedes Ansuchen persönlich erledigen muss.

Viele ganz normale und im Grunde gut bewältigbare Aufgaben werden überhaupt erst dadurch zu Zeitdieben, dass sie in letzter Minute auftauchen, ein laufendes Geschehen unterbrechen oder sich unnötig oft wiederholen. Die Zeit stehlen uns also eigentlich nicht die durchaus berechtigten Anfragen und Bitten aus unserer Umgebung, sondern die Art und Weise, mit der wir und die anderen damit umgehen.

Diese Zeitdiebe gilt es zu fangen und zu neutralisieren. Erst wenn Sie wieder die Kontrolle darüber haben, wie Sie Ihre Zeit verwenden, können Sie Ihre Anstrengungen in eine Richtung bündeln und sich auf Ihre tatsächlichen Ziele zubewegen.

Ihr persönliches Zeittagebuch

Führen Sie dazu eine Woche lang minutiös Buch. Notieren Sie alle Tätigkeiten und vermerken Sie deren Dauer. Auch wenn es übertrieben erscheint: Machen Sie sich die Mühe und tragen Sie alles ein, *was* Sie tun, notieren Sie, *wann* Sie es tun und *wie lange* es dauert: vom Aufstehen bis zum Schlafengehen, von der zweistündigen Konferenz bis zum zweiminütigen Gespräch zwischen Tür und Angel. Und beziehen Sie nicht nur den Schulalltag mit ein, sondern auch private Termine, Familienunternehmungen und Treffen mit Freunden.

Sie werden staunen, wie viele Zeitdiebe Sie mithilfe des Zeittagebuchs entdecken. Gleichzeitig werden Sie ein Gespür dafür bekommen, welche Bereiche zu kurz kommen und wofür Sie gerne mehr Zeit hätten, etwa für Ihre Gesundheit, die persönliche Entwicklung oder Ihre Kinder.

Im nächsten Schritt *bewerten Sie die Einträge* in Ihrem Zeittagebuch:

- Ereignisse, die Sie unnötig viel Zeit gekostet haben, die Sie kaum vorangebracht haben und die Sie von anderen, wichtigeren oder angenehmeren Dingen abgehalten haben – kurzum alles, was Sie künftig gerne reduzieren würden – markieren Sie rot.
- Zeit, die Sie gut genutzt haben, in der Sie besonders produktiv waren oder die Ihnen half, Ihre Batterien wieder aufzuladen, markieren Sie grün.

So sehen Sie auf einen Blick, wo Sie künftig Schwerpunkte setzen sollten und welche Zeitdiebe Sie besser ausmerzen. Nehmen Sie sich nicht zu viel auf einmal vor. Entscheiden Sie sich für einen Zeitdieb und versuchen Sie, diesen gezielt zu reduzieren.

Generell gilt: Sagen Sie öfter Nein zu Aufgaben, die an Sie herangetragen werden, passen Sie die Art und Weise an, in der Sie sie erledigen, oder delegieren Sie sie an andere. Und wenn Sie eine weitere Rolle übernehmen, geben Sie dafür eine andere ab. Das alles ist im Schulalltag nicht leicht – aber möglich.

Um Ihr Zeitmanagement zu verbessern, sollten Sie sich Klarheit darüber verschaffen, wie Sie Ihre Zeit verbringen. Dazu eignet sich ein Zeittagebuch, in das Sie eine Woche lang alle Tätigkeiten und Ereignisse eintragen. Die darin aufscheinenden Zeitdiebe sollten Sie gezielt angehen.

30

1.2 Der Arbeitstag – zwischen Stundenplan und Flexibilität

Lehrkräfte haben etwas, das die meisten Erwachsenen nur noch aus ihrer Kindheit kennen: einen *Stundenplan*. Detailliert und unerbittlich gibt dieser den Schultagen eine Struktur vor – aber dann auch wieder nur zum Teil.

Denn darüber hinaus haben Pädagogen viele Aufgaben, die sie flexibel und eigenverantwortlich erledigen: die Unterrichtsvor- und Nachbereitung etwa, Korrekturen und Prüfungsentwürfe, Protokolle und Dokumentationen. Für all das bleiben je nach schulinterner Organisa-

tion die Nachmittage, die Abende, die Wochenenden –
und die Ferien.

Der Unterricht nach Stundenplan erfordert eine andere
Planung und andere Strategien, um die zur Verfügung
stehende Zeit möglichst effektiv zu nutzen, als die flexi-
ble Zeiteinteilung. Hinzu kommt, dass phasenweise
viele Konferenzen, schulische Veranstaltungen und ad-
ministrative Aufgaben das Zeitmanagement zusätzlich
erschweren. Und dann kann das alles auch noch mit
unvorhergesehenen Ereignissen im Privatleben kollidieren.

Zeit situationsgerecht managen

Die große Gefahr für Lehrkräfte liegt darin, dass eigentlich immer irgendetwas ihre Aufmerksamkeit verlangt
und dadurch die weniger beliebten Aufgaben schlei-
chend in den Hintergrund treten. Diese werden aufge-
schoben, bis es plötzlich allerhöchste Zeit wird, und
dann in hektischen Nacht- oder Wochenendschichten
abgearbeitet. Das wiederum zehrt an Gesundheit, Aus-
geglichenheit und Privatleben.

Diese Probleme können Sie mit situationsgerechtem
Zeitmanagement verhindern: Die zur Verfügung stehende Zeit muss so genutzt werden, dass aus flexibler
Zeiteinteilung produktive Arbeitsstunden werden und
weder langfristige Ziele noch Privatleben und Gesundheit zu kurz kommen. Neben dem Setzen von Prioritäten und einer guten Tages- und Wochenplanung (s.
Kap. 3) kommt es auf die *richtige Organisation* an.

Drei Bereiche sind dabei besonders wichtig:

- Die Berücksichtigung des eigenen Biorhythmus
- Das Schaffen und Nutzen ungestörter Zeitblöcke
- Der Umgang mit Aufschieberitis

Eulen im Klassenzimmer

Wenn Sie morgens um sieben gut gelaunt als Erste am Kopierer stehen, sind Sie wahrscheinlich eine waschechte *Lerche*. Als *Eule* hingegen sind Ihnen erste Stunden ein Graus, aber dafür korrigieren Sie mühelos bis in die Nacht hinein.

Die meisten Menschen liegen zwischen diesen Extremen. Normalerweise sind Erwachsene vormittags zwischen 9 und 11 Uhr besonders leistungsfähig und haben nachmittags ein weiteres Hoch zwischen 15 und 17 Uhr. Dieser sogenannte *Biorhythmus* ist von Mensch zu Mensch unterschiedlich, aber für jeden Einzelnen ziemlich konstant.

Wer das Beste aus der zur Verfügung stehenden Zeit herauszuholen möchte, sollte energiereiche Zeiten für wichtige, kreative oder komplizierte Aufgaben nutzen. Kleinkram, Administration und Routineaufgaben hingegen erledigt man zu weniger günstigen Tageszeiten.

Die Gunst der Stillen Stunde nutzen

Wenn wir dauernd bei unserer Tätigkeit unterbrochen werden, kommen wir nur äußerst schleppend voran – und zwar nicht nur wegen der kurzen Unterbrechung selbst. Die meiste Zeit geht verloren, weil wir uns danach wieder in unsere Aufgaben hineindenken müssen. Unsere Konzentrationskurve sieht bei vielen Unterbrechungen aus wie ein Sägeblatt: Auf jeden Absturz folgt ein erneuter mühsamer Anstieg.

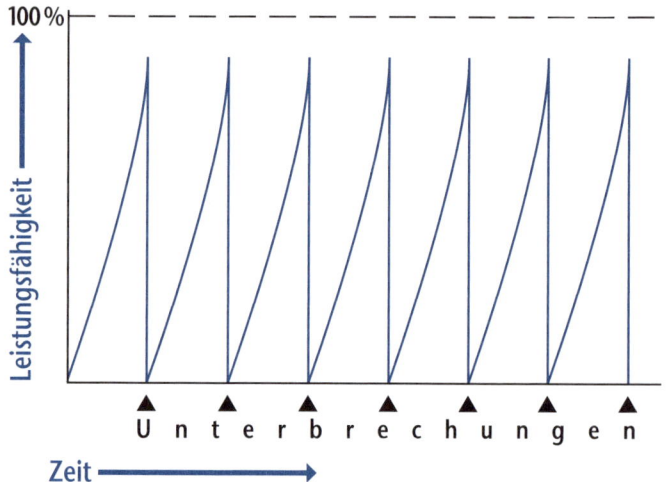

Um diesen Sägeblatt-Effekt zu vermeiden, sollten Sie Unterbrechungen in Ihrer produktivsten Zeit auf ein Minimum reduzieren. Bewährt hat sich eine *Stille Stunde*, in der Sie signalisieren, dass Sie nicht gestört werden wollen, Anrufe, Nachrichten und E-Mails blockieren und keine Gespräche führen. Bei Unterbrechungen erklären Sie, dass Sie im Moment absolut keine Zeit haben, sich aber gern anschließend um die Anfrage kümmern.

Markieren Sie die Stunde im Tagesplan (vgl. Kap. 3) und verteidigen Sie sie auf Biegen und Brechen. Es ist Ihr gutes Recht, sich ab und zu aus allem auszuklinken, am besten einmal täglich, und sich dem zu widmen, zu dem Sie sonst nicht kommen würden.

Akuthilfe bei Aufschieberitis

Trotz allem kommt es vor, dass uns die Arbeitslust schlagartig verlässt, sobald wir eine Aufgabe angehen. Das hat weniger mit Faulheit als mit überhöhten Ansprüchen an uns selbst zu tun. Manche Aufschieber räumen sogar begeistert den Keller auf, nur um nicht mit ihrer Arbeit konfrontiert zu werden. Doch aufgeschobene Aufgaben werden bald zu dringenden, und dann kommt zur Unlust auch noch der Termindruck hinzu.

Drei Tipps gegen Aufschieberitis:

- Teilen Sie Aufgaben in kleine, überschaubare Einheiten auf, die sich in 10 Minuten erledigen lassen, und nehmen Sie sich dann zunächst nur eine einzige davon vor. Ist man mal drin, geht es meistens von selbst weiter.
- Alternativ können Sie Aufgaben auch in intensiven Arbeitsschüben von zum Beispiel 30 Minuten erledigen, auf die eine zehnminütige Pause folgt. Auch hier gilt: Bei den ersten 30 Minuten hilft es, wenn die

Pause in Sicht ist. Beim zweiten Schub geht es dann schon leichter.

- Wenn das nichts hilft, ein letzter Tipp: Räumen Sie den Schreibtisch komplett frei, legen dann alles bereit, was Sie für die Arbeit brauchen, stellen Sie einen Wecker auf 15 Minuten und zwingen Sie sich, zu warten. Sie dürfen nicht arbeiten und auch nichts anderes tun. Wenn Sie wirklich 15 Minuten durchhalten, werden Sie sich anschließend freuen, mit der Arbeit anfangen zu dürfen.

30 *Als Lehrkraft haben Sie einen **zweigeteilten Arbeitstag** mit einem festgelegten Stundenplan und flexibler Zeit für Vor- und Nachbereitung des Unterrichts. Das stellt besondere Anforderungen an Ihr Zeitmanagement, um situationsbedingt das Beste aus der verfügbaren Zeit zu machen.*

1.3 Das Schuljahr – zwischen Ferien und Terminstress

Niemand schreibt Ihnen vor, wie Sie Ihre unterrichtsfreie Zeit organisieren und wann genau Sie welche Aufgaben erledigen. Diese Freiheit ist jedoch trügerisch. Denn das Schuljahr schreitet unaufhörlich im vorgegebenen Takt voran; Termine, Lehrplan und Prüfungszeiten ergeben eine straffe Abfolge.

Es besteht die Gefahr, dass Engpässe im Zeitbudget nicht sofort offensichtlich sind. Außerdem lassen sich viele Ereignisse nicht so akkurat planen, dass alle Eventualitäten berücksichtigt sind. Wer weiß schon am Anfang des Schuljahres, wann genau die Klassenfahrt angesetzt wird, welche Kollegen krankheitsbedingt ausfallen oder wann Klassenarbeiten geschrieben werden können?

Das Gute an dem *Korsett aus Fixterminen* ist, dass Sie es *als Leitplanke* nutzen können, um Ihr Zeitmanagement laufend zu überprüfen. Durch den Abgleich mit den Terminen des Schuljahres erhalten Sie eine konkrete Rückmeldung zu Ihrer Planung. Das setzt allerdings voraus, dass Sie dies regelmäßig, mindestens wöchentlich, tun und gegebenenfalls Ihre Planung aktualisieren. Das ist ein zeitlicher Mehraufwand von wenigen Minuten, bringt aber eine Planungssicherheit, die später Stunden und Tage falsch investierter Zeit sparen kann.

Die Strategie: flexibel bleiben

Doch allein mit wiederholter Planung ist es meist nicht getan. Hier kommen Ihre Stärken aus dem Unterricht zur Geltung. Denn auch dort ist vieles im Fluss. Es gibt die unterschiedlichsten Klassen, jede Schülerin und jeder Schüler hat ihr bzw. sein eigenes Profil aus Stärken, Schwächen und Charaktermerkmalen, die sich zudem ständig entwickeln und unentwegt zu neuen Situationen führen. Daher sind Sie es als gute Lehrkraft gewohnt, *flexibel auf Veränderungen zu reagieren* und Ihre Unterrichtsstrategie immer wieder zu aktualisieren. Diese Stärke spielen Sie nun aus, um Ihr Zeitmanagement ebenso souverän an neue Herausforderungen anzupassen.

Tipps für mehr Flexibilität

- Fangen Sie *sofort* mit langfristigen Aufgaben an. Wenn Sie jeden Tag etwas dafür tun, bleiben Sie während des Schuljahres am Ball und stecken Unvorhergesehenes leichter weg.
- Planen Sie *Rückschläge* ein. Nicht alles klappt immer nach Plan, je nach Tagesform und äußeren Umständen schaffen Sie vielleicht nur einen Bruchteil Ihres Pensums. Lassen Sie sich davon nicht entmutigen. Legen Sie sich lieber einen Plan B bereit, der Sie mit Abstrichen dennoch weiterbringt.
- Planen Sie *kleinteilig*. Etappenziele sind leichter zu erreichen als große Meilensteine. Und Mini-Projekte lassen sich auch leichter in eine neue Planung einfügen, bei der Sie vielleicht einige ungestörte Zeitblöcke aufgeben müssen.
- Werden Sie *konkret*. Auch wenn Sie Ihre Ziele in kleinere Teilaufgaben zerlegen, sollten Sie dennoch ein ganz konkretes Ergebnis formulieren, terminieren und schriftlich festhalten. Wenn Sie sich vornehmen, in der nächsten halben Stunde fünf Schulaufgaben zu korrigieren, ist das erfolgversprechender, als nur „möglichst weit" zu kommen.

Der Schulalltag bedingt, dass Sie als Lehrkraft einige Besonderheiten bei Ihrem Zeitmanagement berücksichtigen sollten:

30

- Wenn Sie Zeitdieben nachspüren, sollten Sie sich gut überlegen, welche Sie eliminieren können und welche nicht. Letztere lassen sich aber oft durch organisatorische Verbesserungen beeinflussen.
- Um die zur Verfügung stehende Zeit optimal zu verwenden und unliebsame Aufgaben nicht zu lange aufzuschieben, sollten Sie freie Zeitblöcke in den produktiven Tagesphasen nutzen.
- Der Takt des Schuljahres ist größtenteils vorbestimmt, Details sind aber nur bedingt vorhersehbar. Daher ist eine großzügige Planung mit ausreichend Zeitreserven besonders wichtig.

30 MINUTEN

Wenn es nur nach Ihnen ginge: Wie würde Ihr ideales Leben aussehen?

Wissen Sie, wie Sie Wünsche in Ziele verwandeln?

Kennen Sie die SMART-Methode, die Ihnen hilft, Ihre Ziele umzusetzen?

2. Meine Ziele als Lehrkraft und Mensch

„Beginne mit dem Ende im Sinn."
Lana Rigsby

Wissen Sie noch, warum Sie Lehrerin oder Lehrer geworden sind? Vielleicht war es die Begeisterung für Ihr Fachgebiet oder die Hoffnung, durch das eigene Engagement einen Unterschied zu machen, und wohl auch der Wunsch, jungen Menschen durch eine gute Schulbildung dabei zu helfen, ihren eigenen Weg zu finden. Inzwischen haben Sie vermutlich Abstriche machen müssen, nur ein Teil Ihrer Hoffnungen und Erwartungen hat sich erfüllt. Dennoch sollten Sie Ihren Idealismus, Ihre Wünsche und Werte nicht leichtfertig aufgeben! Echte Bedeutung gewinnt für uns nur das, was wir mit *Sinn* aufladen, mit der Gewissheit, dass wir auf ein Ziel hinarbeiten, das sich zu erreichen lohnt. Erst das gibt uns die nötige Motivation, verleiht uns Kraft und Durchhaltevermögen. Im Folgenden erfahren Sie, wie Sie diese Kraft für sich entdecken und nutzen können, um Ihre Ziele zu erreichen.

2.1 Von Visionen leiten lassen

Eine klare Vorstellung von Ihren Zielen ist unerlässlich für Erfolg, ob beruflich oder privat. Ziele sind der Maßstab für jede Aktivität. Sie entscheiden über Prioritäten und Arbeitsablauf; ohne sie hilft auch das beste Zeitmanagement nichts, denn Sie werden sich dadurch nur schneller in die falsche Richtung bewegen.

Doch wie finden Sie heraus, welche Ziele für Sie und Ihren Beruf, Ihre Familie, Ihr Leben am wichtigsten sind? Wie klären Sie Ihre Werte, Leitbilder, Lebensvisionen und Ziele?

Die vielversprechendste Strategie ist, sich vom Allgemeinen zum Konkreten vorzutasten. Dazu fangen Sie am besten ganz weit oben an. Wie bei einer zoombaren Landkarte studieren Sie die Situation zunächst im Überblick und dann zunehmend im Detail.

An höchster Stelle stehen Ihre *Werte*, also das, was Sie für wichtig und richtig halten. Diese Werte lassen sich in *Leitbildern* formulieren und führen mit etwas Fantasie zu einer konkreten *Lebensvision*. Haben Sie diese für sich geklärt, ergeben sich die *Ziele* fast schon von selbst. Da die höhere Ebene die jeweils darunter liegende direkt beeinflusst, ist es sinnvoll, sich zunächst über die eigenen Werte und Leitbilder klar zu werden und sich dann eine immer konkretere Vorstellung von den eigentlichen Lebensvisionen und Zielen zu machen.

Werte und Leitbilder

Jeder von uns handelt nach einem Wertesystem, ob bewusst oder unbewusst. Werte sind sehr abstrakte Kategorien, deren Grundzüge uns bereits in der Kindheit vermittelt werden und die wir im Laufe unseres Lebens als wahr, richtig und erstrebenswert identifizieren. Zum Beispiel:

Gerechtigkeit, Geduld, Gleichberechtigung, Authentizität, Freiheit, Selbstbestimmung, Verantwortung, Einfluss, Wohlstand, Gesundheit, Kooperation, Neugierde, Wissensdrang.

Übersetzt man Werte in konkrete Aussagen, entsteht ein Leitbild. Wem Gerechtigkeit besonders am Herzen liegt, könnte von sich zum Beispiel sagen: „Ich verhalte mich anderen gegenüber fair und achte darauf, dass niemand ungerecht behandelt wird." Wer Freiheit schätzt, sagt vielleicht: „Ich erreiche meine Ziele auf selbstbestimmten Wegen und lote Grenzen aus, ohne andere in ihrer Freiheit einzuschränken." Diese Aussagen haben den Vorteil, dass sie konkret genug sind, um sie auch im Alltag anzuwenden.

Werte und Leitbilder sind für jeden Menschen individuell und müssen für andere nicht die gleiche Bedeutung haben. Wir können sie also weder übernehmen noch übertragen. Allerdings sollten wir ihre Auswirkungen auf andere beachten, sprich, sie sollten so beschaffen sein, dass wir sie auch bei anderen gutheißen würden. Dieses Grundprinzip hilft uns, innere Widersprüche zu vermeiden und mit uns und unseren Werten auch bei

Konflikten im Einklang zu sein. Ihnen als Pädagoge hilft das auch, Ihrer *Aufgabe als Vorbild* gerecht zu werden.

Die *eigenen Werte* zu klären, benötigt ein wenig Zeit und ungestörtes Nachdenken. Suchen Sie sich also ein ruhiges Plätzchen und folgen Sie diesen drei Schritten:

1. Schreiben Sie die Werte auf, die Ihnen persönlich besonders wichtig sind. Zunächst sammeln Sie nur die Begriffe, ohne groß darüber nachzudenken.
2. Im zweiten Schritt sehen Sie sich die Liste genauer an und nummerieren die Werte nach Wichtigkeit. Das ergibt Ihr ganz persönliches Wertesystem.
3. Die wichtigsten davon sollten Sie als Leitbild formulieren und aufschreiben. Damit haben Sie einen Kompass zur Hand, der Ihnen bei wichtigen Entscheidungen Orientierung geben kann.

Ihre Lebensvision nimmt Gestalt an

Bill Gates entwarf schon als Schüler ein Stundenplan-programm und träumte von einer Zukunft als Programmierer – als Microsoft-Gründer schuf er später den Personal Computer. Viele Menschen, die ein ehrgeiziges Ziel erreicht haben, berichten von Visionen. Sie konnten sich vorstellen, wie es an ihrem Ziel aussah.

Nicht jeder Lebenstraum muss dabei spektakuläre *Visionen* enthalten. Einer Inklusionsklasse zu helfen, zu einem Team zusammenzuwachsen, im Sommer zu Fuß über die Alpen zu wandern oder unter einem selbst gepflanzten Baum mit Freunden zu grillen – auch diese Ziele sind es wert, verwirklicht zu werden, wenn sie uns Glück und Erfüllung schenken.

Lebensvisionen sind der eigentliche Motor unserer Anstrengungen. Nur durch sie gewinnen wir eine detaillierte Vorstellung davon, wie sich unser Leben entwickeln könnte. Und mit dieser Vorstellung vor Augen bewegen wir uns zielstrebig, zuversichtlich und oft sogar unbewusst auf unsere Ziele zu. Die Magie einer klaren Lebensvision wird oft unterschätzt, denn je größer und wunderbarer wir sie uns ausmalen, desto unerreichbarer erscheint sie. Genau darum geht es in der nächsten Übung. Sie ist nicht nur unerlässlich für ein erfolgreiches Zeitmanagement, sondern potenziell lebensverändernd.

Der Plan für ein außergewöhnliches Leben

Designerlegende Milton Glaser ließ all seine Studenten an einer Übung teilnehmen, die er „Fünfjahresplan für ein außergewöhnliches Leben" nannte. Seine Studentin Debbie Millman, heute eine der einflussreichsten Designerinnen der Welt, legt sie ihren eigenen Studenten vor, erweitert als Zehnjahresplan. Sie erzählt, dass sie regelmäßig Briefe von früheren Studenten bekommt, die ihr bestätigen, dass sich die meisten Dinge tatsächlich erfüllt haben. Der Trick dabei? *Grenzenlose Zuversicht*. Probieren Sie es aus!

Stellen Sie sich Ihr künftiges Leben vor, so wie es sein könnte, wenn Sie alles erreichen könnten, was Sie wollen, ohne jegliche Angst zu scheitern.

Denken Sie an den heutigen Tag, zehn Jahre in der Zukunft. Schreiben Sie ganz genau auf, was passiert, vom Aufstehen bis zum Schlafengehen, je detaillierter, umso besser. Wo sind Sie? Was frühstücken Sie? Mit wem leben Sie zusammen, haben Sie Kinder? Welche Pflanzen, Tiere, Naturorte lieben Sie? Haben Sie einen Garten, ein Penthouse oder eine Holzhütte am See? Was begeistert

Sie? Was lesen, hören, schätzen Sie? Wie sehen Sie aus, welche Frisur, welche Kleidung tragen Sie? Was schenkt Ihnen Hoffnung? Wofür sind Sie dankbar?

Beschreiben Sie ganz genau, wie Sie den Tag verbringen. Und wagen Sie große Pläne, bemerkenswerte Erfolge, scheinbar Unerreichbares. Schreiben Sie alles auf, rasch, ohne Angst, ohne Nachdenken, ohne Bescheidenheit. Niemand außer Ihnen muss das, was Sie sich ausmalen, je zu Gesicht bekommen.

Von nun an holen Sie Ihren Plan einmal im Jahr hervor, lesen ihn durch und passen ihn an, falls nötig.

Werte und Visionen sind die Basis zielgerichteten Handelns. Welche Ihnen persönlich wichtig sind, sollten Sie durch Selbstreflexion herausfinden. Eine bildhafte Vorstellung der eigenen Zukunft erleichtert viele Entscheidungen und stellt sicher, dass man seine Zeit richtig verwendet.

2.2 Vom Wunsch zum Ziel

Sie wissen nun, wo Sie hin möchten. Jetzt geht es darum, den Weg zu klären und Schritt für Schritt zu gehen. Damit beginnt das eigentliche Zeitmanagement, denn das besteht vor allem darin, die vorhandene Zeit und Energie so zu verwenden, dass Sie auf dem Weg zu Ihren Zielen vorankommen. Jede Aktion lässt sich nun darauf prüfen, ob sie Sie Ihrer Lebensvision näherbringt.

Der erste Schritt auf diesem Weg besteht darin, *klare Ziele* zu setzen. Nur für Ziele, die konkret und messbar sind, die einen zeitlichen Rahmen haben und die Sie einem wichtigen Teil Ihrer Vision zuordnen können, können Sie sinnvolle Maßnahmen planen, Aktivitäten realisieren und Ihren Fortschritt überprüfen.

Der folgende Zielsetzungsprozess wiederholt sich dabei immer wieder aufs Neue:

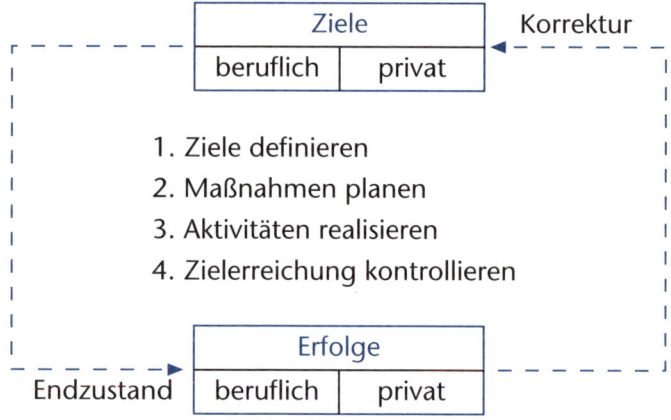

Nun stehen Sie vor der Frage, welche Ziele Sie in welcher Reihenfolge bis wann verwirklichen wollen. Wie verteilen Sie Ihre Zeit und Energie am sinnvollsten? Als Großinvestor Warren Buffet einmal gefragt wurde, welchen Zielen man sich widmen solle, gab er folgenden Rat: „Machen Sie eine Liste mit 25 Dingen, die Sie in den nächsten paar Jahren erledigen möchten. Dann wählen Sie die fünf wichtigsten aus und beginnen sofort, einen Aktionsplan zu entwerfen, den Sie unmittelbar umsetzen können." So weit, so gut, doch das Überraschende steckt in diesem Zusatz: „Die restlichen 20 Projekte sind nun die Aufgaben, die Sie um jeden Preis vermeiden müssen, bis die ersten fünf erledigt sind."

So legen Sie Ihre Schwerpunkte fest

Wir können nicht auf allen Hochzeiten gleichzeitig tanzen, nicht beliebig viele Projekte parallel am Laufen halten. Umso wichtiger ist es, sich für die richtigen zu entscheiden, diese dann aber umso konzentrierter voranzubringen.

Eine sinnvolle Auswahl der derzeit wichtigsten Ziele ist die Grundlage für gutes Zeitmanagement. Dafür schreiben Sie zunächst all Ihre Ziele auf:

- Welche *beruflichen Ziele* möchten Sie innerhalb des nächsten Jahres (kurzfristig), in den nächsten fünf Jahren (mittelfristig) und generell in Ihrer Karriere (langfristig) erreichen?
- Machen Sie dann das Gleiche für Ihre *privaten Ziele*. Achten Sie dabei darauf, dass Sie unterschiedliche Lebensbereiche einbeziehen und sich zum Beispiel Gedanken zu Familie und Freundschaften, zu Gesundheit und Fitness und zu persönlichem Lebenssinn machen.
- Treffen Sie dann eine Auswahl und bestimmen Sie für jeden *Lebensbereich* Ihren Herzenswunsch, das, was Ihnen am wichtigsten ist. Die Ziele aus dieser

Auswahl sollten Sie besonders berücksichtigen, wenn es darum geht, Ihre Schwerpunkte zu setzen.

Mehr erreichen mit der Salami-Taktik

Welche Ziele Ihnen im Moment am wichtigsten sind, haben Sie geklärt. Sie haben auch schon Ideen dazu, welche Maßnahmen Sie planen und welche konkreten Schritte Sie als Nächstes unternehmen könnten. Eigentlich haben Sie sogar so viele Ideen, dass es Ihnen schwerfällt, irgendwo anzufangen.

In diesem Stadium ist es hilfreich, sich den Weg in Etappenziele aufzuteilen: Jedes Ziel zerlegen Sie mit der bekannten Salami-Taktik in *kleine, überschaubare Teilerfolge*. Das hat den Vorteil, dass Sie die zeitliche Reihenfolge besser abschätzen können und sich ganz automatisch die konkreten nächsten Schritte herausschälen.

Diese Arbeitsweise geht auf Descartes zurück, der schon im 17. Jahrhundert Grundprinzipien für wissenschaftliches Arbeiten formuliert hat, die noch heute Gültigkeit haben und sich auf jegliche Planung übertragen lassen:

1. Schriftliches Formulieren des Problems
2. Zerlegen der Gesamtaufgabe in kleine Einzelteile
3. Ordnen der Teile nach Prioritäten und Terminen
4. Bearbeiten der Teile und Kontrolle des Ergebnisses

Abschied vom Perfektionismus

Ein weiteres wichtiges Hilfsmittel bei der Zerlegung in Einzelaufgaben ist das Pareto-Prinzip, auch als 80:20-Regel bekannt. Es besagt, dass 20 Prozent des Aufwands bereits 80 Prozent des Erfolgs bewirken. Für die restlichen 20 Prozent Erfolg ist hingegen ein unverhältnismäßig hoher Aufwand von 80 Prozent erforderlich.

Die Gültigkeit des Pareto-Prinzips ist – wenn auch nicht immer in exakt diesen Prozentverhältnissen – für viele Bereiche des alltäglichen Lebens und Wirtschaftens belegt. Auch Sie kennen es vielleicht aus Ihrem Alltag: Vermutlich macht ein verhältnismäßig kleiner Teil Ihrer Vorbereitung den Großteil des Lehrerfolges einer Unterrichtseinheit aus. Wenn Sie eine Klassenarbeit vorbereiten: Kann es sein, dass Sie nach einer Stunde schon die meisten Aufgaben beisammenhaben, aber erst vier Stunden später ganz fertig sind?

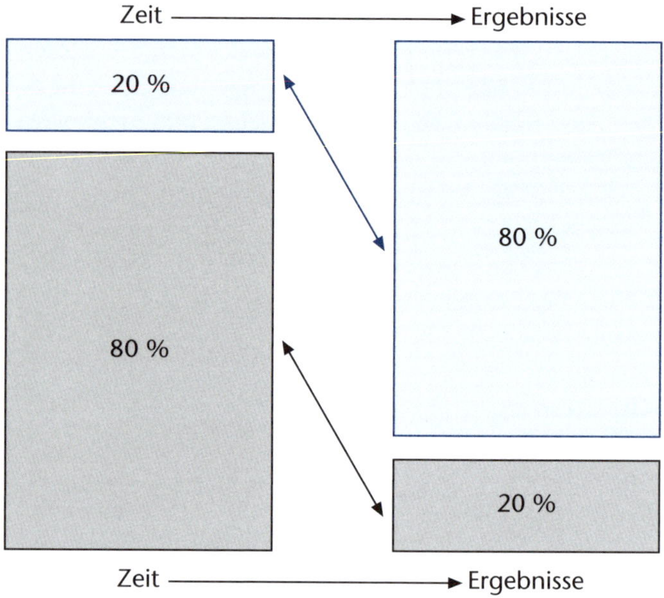

Zeit ———————————→ Ergebnisse

20 %

80 %

80 %

20 %

Zeit ———————————→ Ergebnisse

Mit diesem Wissen im Hinterkopf sollten Sie noch einmal jedes einzelne Ihrer Ziele kritisch betrachten und
versuchen, die wirksamsten nächsten Schritte zu identifizieren. Was bringt Sie den größten Teil, also 80 Prozent des Weges voran? Auf welche 20 Prozent im End-
ergebnis können Sie verzichten? Finden Sie diejenigen
beruflichen und privaten Faktoren heraus, die den
Hauptteil des Erfolgs tragen, und streichen Sie den Rest.

 *Damit Wünsche Realität werden, müssen Sie sie in
konkrete Ziele verwandeln. Mit der richtigen Aus-*

wahl sorgen Sie dafür, dass kein wichtiger Lebens-
bereich zu kurz kommt und Sie sich nicht verzetteln.
Zwischenetappen gliedern den Weg in überschau-
bare, leichter erreichbare Schritte. Das Pareto-Prin-
zip hilft dabei, die richtigen Prioritäten zu setzen.

2.3 Konkrete Zielplanung

Je konkreter Sie Ihr Ziel benennen, desto einfacher
wird es zu erreichen sein. Eine bewährte Methode, um
Ziele praxisnah zu formulieren, ist die bekannte
SMART-Methode:

- **S = Spezifisch:** Jedes Ziel sollte möglichst konkret
  sein, damit es nicht nur eine vage Absichtserklärung
  bleibt. „Ich will abnehmen" hilft Ihnen bei der Ver-
  wirklichung Ihres Wunsches wahrscheinlich kaum
  weiter. Wesentlich besser ist ein spezifisches Ziel,
  etwa: „In drei Monaten wiege ich fünf Kilo weniger."
- **M = Messbar:** Um den Erfolg Ihrer Ziele überprüfen
  zu können, müssen Sie festlegen, was genau Sie bis
  wann erreichen wollen. Nur so haben Sie die Kontrolle über den Fortschritt Ihrer Bemühungen und
  können Ihren Kurs korrigieren. Statt sich vorzuneh-
  men: „Ich will mehr Zeit mit meiner Familie verbringen", legen Sie die Zeit genau fest: „Zwei Abende in
  der Woche halte ich frei von schulischen Verpflichtungen, und am Wochenende unternehmen wir mindestens an einem Tag etwas gemeinsam."

- **A = Aktionsorientiert:** Ziele sollten zu Taten motivieren, anstatt das, was Sie eigentlich vermeiden möchten, noch zusätzlich hervorzukehren. Statt also zu sagen: „Ich will weniger rauchen", nehmen Sie sich vor: „Ich werde in den nächsten drei Wochen Nikotinkaugummis und ein Entwöhnungsprogramm nutzen."
- **R = Realistisch:** Bei Zielen kommt es auf das richtige Maß an, weder Unter- noch Überforderung helfen weiter. „Ich laufe ab jetzt täglich eine Stunde" ist für Couch-Potatoes vermutlich nicht zu schaffen. „Ich bewege mich mindestens zehn Minuten am Tag und zweimal die Woche jogge ich" ist schon eher ein erreichbares Ziel.
- **T = Terminiert:** Ziele sollten jetzt Aktionen herausfordern, nicht irgendwann. Und sie sollten in einem überschaubaren Zeitrahmen abschließbar sein. „Irgendwann räume ich meinen Schreibtisch auf" hat wenig Chancen auf eine baldige Umsetzung. „Bis Ende der Woche habe ich alle Prüfungsunterlagen einsortiert" hingegen schon.

Auf die Formulierung kommt es an

Wir verwirklichen Ziele leichter, wenn sie *positiv*, in der *Gegenwart* und *detailliert* formuliert sind. Diese kleinen Unterschiede wirken unterbewusst, machen aber einen großen Teil der Wirkung aus (erinnern Sie sich an die 80:20-Regel?).

- **Positiv:** Wenn Sie sich fest vornehmen, nicht an eine blaue Schildkröte zu denken, tauchen garantiert wie von Zauberhand überall blaue Schildkröten auf. Unser Unterbewusstsein ignoriert die Verneinung und erzeugt genau das, was wir eigentlich ausschließen wollten. Deshalb sollten Ziele positiv formuliert werden.

- **Gegenwart:** Wenn Sie Ihr Ziel so formulieren, als wäre es schon erreicht, nimmt auch Ihr Unterbewusstsein an, dass Sie bereits am Ziel sind, und hört auf, Ihnen Hindernisse in Form von Zweifeln in den Weg zu legen. Sie spüren den Erfolg schon vorab und können eigentlich gar nicht anders, als ihn auch zu verwirklichen.

- **Details:** Je mehr Details die künftige Version Ihres Lebens umfasst, desto einfacher wird es, sie Realität werden zu lassen. Stellen Sie sich das Ziel genau vor, immer wieder, in allen Einzelheiten. Spüren Sie Ihre Begeisterung, wenn es erreicht ist. Nehmen Sie genau wahr, wie es sich anfühlt und was Sie dabei empfinden.

Die Frage nach dem Warum

Jedes Ziel ist nur so wichtig für Sie, wie es die *Gründe* sind, die dahinterstehen. Genau diese sollten Sie sich daher für jedes einzelne Ziel genau überlegen und – ganz wichtig – *schriftlich* festhalten. Ergänzen Sie die

Liste mit Ihren wichtigsten Zielen jeweils um eine Begründung, warum Sie sie erreichen möchten. Hat das Ziel wirklich etwas mit Ihren Werten zu tun? Spiegelt es sich in Ihren Leitbildern wider? Oder sind es andere, die ihre Erwartungen an Sie richten?

Wenn Sie sich diese Fragen frühzeitig stellen, kommen Sie vorgeschobenen Begründungen auf die Spur, die eigentlich nichts mit dem zu tun haben, was Sie selbst erreichen wollen. Seien Sie dabei ehrlich zu sich selbst und hören Sie aufmerksam in sich hinein. Schließlich ist es Ihr Leben, das niemand anderes für Sie leben kann.

Langsam, aber beständig

Wenn Sie trotz bester Vorsätze nicht recht vorankommen, liegt es möglicherweise daran, dass Sie sich zu viel vorgenommen haben. Entscheidend für Erfolg ist nicht die Intensität der Anstrengungen, sondern deren Konstanz.

Was wir regelmäßig ohne großes Aufheben tun, wird nach kurzer Zeit zur Gewohnheit. Das hat den Vorteil, dass wir nicht mehr darüber nachdenken und uns nicht mehr überwinden müssen. Doch zur Gewohnheit kann nur werden, was uns möglichst bald möglichst leichtfällt. Was wir hingegen laufend als besondere Anstrengung wahrnehmen, wird nicht zur Gewohnheit, sondern höchstens zur inneren Nervensäge, die wir so bald wie möglich wieder loswerden wollen. Kleine, leicht erreichbare Etappenziele und laufende Erfolgserlebnisse helfen, dauerhaft am Ball zu bleiben.

Ein sinnvolles Zeitmanagement setzt voraus, dass Sie sich Ihrer Werte, Leitbilder, Lebensvisionen und Ziele bewusst werden.

- *Wer seine Ziele erreichen möchte, muss Prioritäten setzen, konkrete Maßnahmen ins Auge fassen und ihren Erfolg kontrollieren.*
- *Nehmen Sie sich nicht zu viel vor und gehen Sie maßvoll, aber stetig an die Umsetzung Ihrer Ziele.*

30 MINUTEN

Kennen Sie den Unterschied zwischen Effektivität und Effizienz?

Wissen Sie, wie Sie Ihre Tages- und Wochenplanung optimieren?

Inwiefern kann Ihnen der Ablauf des Schuljahres bei der Jahresplanung helfen?

3. Die Zeit in die eigenen Hände nehmen

„Es gibt nichts Nutzloseres, als das effizient zu erledigen, was gar nicht hätte getan werden müssen.“
Peter Drucker

Wie oft haben Sie am Ende des Tages festgestellt, dass Sie eigentlich nur die Probleme anderer gelöst haben, anstatt sich Ihren eigenen Anliegen zu widmen? Irgendetwas kommt immer daher und bindet unsere Zeit und Energie – wenn wir sie nicht zuvor selbst sinnvoll verteilt haben.

Planung ist die wichtigste Grundlage für ein erfolgreiches Zeitmanagement. Ohne sie wird man zwangsläufig vom Tagesgeschehen überrollt, reagiert nur und folgt der Agenda anderer. Wer plant, entscheidet hingegen selbst, was mit der vorhandenen Zeit geschieht, und kann eigene Ziele ansteuern.

Eine gut durchdachte Tages-, Wochen- und Monatsplanung bringt Sie Ihren Zielen und Visionen näher, weil sie ganz automatisch dazu führt, dass Sie sich Wichtigem widmen und nicht nur Dringendes erledigen. Um diesen entscheidenden Unterschied geht es im Folgenden.

3.1 Wichtigkeit und Dringlichkeit

Ein Waldarbeiter müht sich hektisch, aber erfolglos, einen dicken Baumstamm in Stücke zu sägen. Ein Kollege spricht ihn an: „Entschuldige, aber mir ist aufgefallen, dass deine Sägekette ganz stumpf ist. Vielleicht solltest du sie erst mal schärfen?" Darauf der Waldarbeiter: „Schärfen? Dafür habe ich jetzt wirklich keine Zeit. Ich muss dringend sägen."

Oft verlieren wir wegen dringender Aufgaben den *Blick für das Wesentliche*. Wie der Waldarbeiter werkeln wir mit Scheuklappen vor uns hin, anstatt kurz zurückzutreten und das große Ganze zu betrachten: Ist das, was ich in diesem Moment tue, wirklich die beste Investition meiner Zeit? Denke ich überhaupt noch an meine eigentlichen Ziele, oder versuche ich nur, im Tagesablauf alles Anstehende zu erledigen? Opfere ich aus Zeitnot die wichtigen Dinge den scheinbar dringenderen?

Dringlichkeit kommt von außen

Es sind stets die Anforderungen und Erwartungen anderer, die Zeitdruck entstehen lassen. Das gilt gerade für den Alltag an der Schule, wo mit Schülern, Eltern, Kollegen und Schulleitung ständig Unvorhergesehenes passieren kann oder jemand dringend etwas von einem braucht. Umso wichtiger ist es, diesen externen Anforderungen ein rigoroses Zeitmanagement entgegenzusetzen.

Mit Planung erreichen Sie, dass Sie seltener von den Ereignissen überrollt werden und stattdessen die Ziele verfolgen, die Ihnen wichtig sind:

- Sie schärfen die Aufmerksamkeit für den Sinn hinter Ihrem Tun.
- Sie erledigen mit größerer Begeisterung, was Sie als sinnvoll empfinden.
- Sie haben ein Ziel vor Augen und erkennen, wenn Sie vom Weg abkommen.
- Sie können dringenden Aufgaben gezielt Auszeiten für Wichtiges gegenüberstellen.
- Sie agieren vorausschauend und reduzieren den Termindruck.
- Sie arbeiten weniger fremdbestimmt und mit mehr Freude.

Indem Sie sich bei der Planung *auf Ziele konzentrieren*, entscheiden Sie selbst, welches persönliche Zeitfenster Sie für welche Aufgaben nutzen. Den Schwerpunkt vom Dringenden auf das Wichtige zu verlagern, ist für Ihre Zeitsouveränität daher entscheidend.

Zwischen Effizienz und Effektivität

Der Waldarbeiter würde die Zeit fürs Schärfen durch rascheres Sägen bald wieder wettmachen. Ebenso werden Sie mit entsprechender Planung schneller Ihre Aufgaben erledigen können – egal ob diese dringend, wichtig oder beides sind. Doch nur schneller zu werden, ist für sich genommen sinnlos. Würde der Waldarbeiter mit seiner geschärften Säge statt des Baumstamms Kleinholz zersägen, käme er zwar rasch voran – aber seinem Ziel nicht näher.

Neben der Geschwindigkeit entscheidet die eingeschlagene Richtung darüber, ob wir uns unseren Zielen annähern oder nicht. Der Unterschied lässt sich am besten mit den Begriffen Effizienz und Effektivität beschreiben:

- Wenn wir das, was wir tun, möglichst zeit- und energiesparend erledigen, werden wir schneller und steigern unsere Effizienz: Wir tun die Dinge richtig.
- Wenn wir aus den zu erledigenden Dingen diejenigen auswählen, die am wichtigsten sind, agieren wir zielgerichtet und steigern unsere Effektivität: Wir tun die richtigen Dinge.

Vor allem um Letzteres zu erreichen, müssen wir bei unseren Aufgaben Prioritäten setzen und diese konsequent bei unseren Handlungen berücksichtigen.

Prioritäten helfen entscheiden

Priorität sagt aus, dass etwas Vorrang hat. Ursprünglich wurde das Wort nur im Singular verwendet und bezeichnete das Wichtigste, Vordringlichste. Inzwischen listen wir nicht nur eine, sondern zahlreiche Prioritäten auf, oft sogar untergliedert in Prioritäten-Kategorien wie P1, P2, P3. Das hat nicht mehr viel damit zu tun, sich konsequent für eine Sache zu entscheiden, sondern zeugt eher vom verzweifelten Versuch, so viel wie möglich unter einen Hut zu bringen.

Eine gute Methode, um in der Hektik des Alltags zu unterscheiden, welcher Aufgabe man sich zu welchem Zeitpunkt widmen sollte, ist hingegen das Eisenhower-Prinzip, benannt nach dem gleichnamigen General und US-Präsidenten. Es unterscheidet Aufgaben nach zwei Kriterien: der Dringlichkeit und der Wichtigkeit.

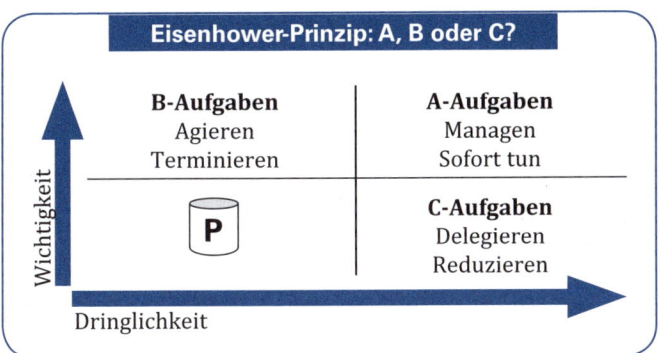

A: Wichtig und dringlich

Diese Aufgaben haben höchste Priorität. Sie müssen sie sofort und persönlich angehen. Auf lange Sicht sollten Sie jedoch Ihr Zeitmanagement und Ihre Arbeitsorganisation so ausrichten, dass diese Notfälle immer seltener vorkommen.

B: Wichtig, aber nicht dringlich

Diese Aufgaben sind diejenigen, die Sie Ihren Zielen näherbringen. Allerdings sind sie im Moment noch nicht dringend und werden daher oft vernachlässigt.

Sie sollten versuchen, mit diesen Aufgaben den Hauptteil Ihrer Zeit zu verbringen, damit wichtige Aufgaben nicht auch noch dringend werden und dann sofortiges (oft hektisches) Handeln erfordern.

C: Dringend, aber nicht wichtig

Auch wenn sie noch so dringend sind: Diese Aufgaben haben im Grunde nicht viel mit Ihren wichtigen Zielen zu tun. Wenn Sie unverhältnismäßig viel Zeit hiermit verbringen, versuchen Sie, diese Tätigkeiten zu verringern – durch Delegieren, Reduzieren oder Neinsagen.

D: Weder wichtig noch dringend

Diese Aufgaben sind eigentlich gar keine. Streichen Sie sie beherzt von Ihrer Liste und freuen Sie sich über die gewonnene Zeit.

Durch Planung sorgen Sie dafür, dass Ihre wichtigsten Ziele nicht zu kurz kommen. Wenn Sie lediglich darauf achten, die Dinge richtig zu tun, also Ihre Effizienz steigern, kommen Sie zwar schneller voran. Wichtiger ist aber, dass Sie auch die richtigen Dinge tun, also Ihre Effektivität steigern. Erst indem Sie Prioritäten setzen, bewegen Sie sich in die gewünschte Richtung.

30

3.2 Tages- und Wochenplanung

Klar, Zeitplanung kostet zunächst Zeit. Aber die ist gut investiert. Denn so gelingt es Ihnen nicht nur, schulische und private Termine und Aufgaben adäquat unterzubringen, sondern Sie schaffen gleichzeitig Freiräume, die Sie kreativ für Unvorhergesehenes und spontane Aktivitäten nutzen können. Wer nur acht Minuten täglich plant, gewinnt durch die Umsetzung bis zu eine Stunde zusätzliche Zeit.

Die folgenden zwei Planungsinstrumente sind für ein erfolgreiches Zeitmanagement unentbehrlich. Im Zusammenspiel ermöglichen sie Ihnen, Ihre Zeit nach eigenen Vorstellungen zu verwenden und sich von der Diktatur der dringlichen Anliegen anderer zu befreien:

- Tagesplanung: Sie verbessert Ihre Effizienz, sorgt dafür, dass Sie keine Termine vergessen, und dient als Stütze während des Tagesablaufs – auch über den Stundenplan hinaus.

- **To-do-Liste:** Sie erhöht Ihre Effektivität, versammelt alle wichtigen Projekte und stellt sicher, dass Sie in allen Lebensbereichen vorankommen.

Als Grundprinzip gilt: Planen Sie immer schriftlich. Nur was Sie aufschreiben – ob auf Papier oder elektronisch –, entlastet Ihr Gedächtnis und zeigt Ihnen auf einen Blick, wo Sie stehen. Indem Sie die schriftliche Planung abheften oder speichern, dokumentieren Sie gleichzeitig Ihre Tätigkeiten und können bei der Vorbereitung und Planung des neuen Schuljahres wieder darauf zurückgreifen.

1. Tagesplanung

Im Zeitmanagement ist der Tag die kleinste überschaubare Einheit. Hier findet das eigentliche Agieren statt, hier entscheidet sich konkret, welche Ziele Sie verfolgen und wie Sie jede einzelne Minute verbringen.

An Unterrichtstagen kann diese Zeit weitgehend vom Stundenplan durchstrukturiert sein – an gebundenen Ganztagsschulen oder manchen Privatschulen fast vollständig. Doch auch dann gibt es mehr oder weniger große zeitliche Freiräume und zudem die privaten Aufgaben und Vorhaben. Es lohnt sich, auch diese zu planen und mit Ihren persönlichen Visionen und Zielen zu füllen.

Anders als bei der To-do-Liste müssen Sie sich beim Tagesplan auf das beschränken, was Sie an einem Tag realistischerweise erledigen können, inklusive großzü-

 Tagesplan

Zeit	Termine	OK	Prio.	Zeitbed.	Aufgaben	OK
7						
8	8.00 AB Bruchzahlen kopieren!		A	15 min	für 6b und 6a	
	8.45 - 9.30 Mathematik 6b - 107				Geld einsammeln!	
9	Bruchteile und Bruchzahlen					
	9.45 - 11.15 Deutsch 5b - 12.1					
10	Doppelstunde					
	Verstehend zuhören 1 + 2					
11						
	11.30 - 12.15 Mathematik 6a - 312					
12	Bruchteile und Bruchzahlen					
13	13.00 - 14.00 Zahnarzt					
14	14.15 - 15.15		A		6a muss fertig werden!	
	Klassenarbeiten weiter korrigieren					
15	15.30 Marie vom Hort					
	zum Reiten bringen					
16	15.50 - 16.50 Stille Stunde				Auf Mitarbeitergespräch	
					vorbereiten	
17	17.00 Marie vom Reiten abholen					
18				Statistik		
19	19.00 - 20.00 Wirbelsäulengymnastik					
	Erich-Kästner-Halle					
20				Privat		
				Geschenk für Holger besorgen		
21						
22						

Notizen	Tagesziel
	Positiv bleiben - mehr lächeln!

Verlag J. Maiß GmbH · Postf. 26 01 52 · Herrnstraße 26 · 80539 München

giger Pufferzeiten. Lehrkräfte kennen das eigentlich aus der Unterrichtsplanung – trotzdem fällt es vielen schwer, dieses Prinzip auch auf den Rest ihrer Zeit zu übertragen.

Eine Vorlage finden Sie auf der Homepage des Maiß-Verlags: https://www.maiss.de/zeitmanagement

Für Ihre Tagesplanung empfiehlt es sich, für jeden Werktag daraus eine Basis-Vorlage mit eingetragenem Stundenplan zu erstellen und diese Vorlage immer wieder zu kopieren.

Um den Tag nicht zu überfrachten, hat sich für die Planung die ALPEN-Methode bewährt. Sie braucht im Schnitt nur acht Minuten, hilft aber immens, wenn es darum geht, den Überblick zu behalten und Zeit für Wichtiges zu gewinnen. Füllen Sie dazu Ihren Tagesplan nach folgenden Prinzipien, idealerweise schon am Vorabend:

- **A – Aufgaben, Aktivitäten und Termine:** Schreiben Sie zunächst alles auf, was Sie an dem Tag erledigen müssen oder wollen, also die Unterrichtszeiten aus dem Stundenplan, Termine, Aktivitäten aus der To-do-Liste, Unerledigtes vom Vortag, sich neu ergebende Tagesaufgaben, Treffen und Telefonate.

- **L – Länge:** Schätzen Sie dann den Zeitaufwand und runden Sie ggf. auf halbe Stunden auf. Das reicht meistens, um zu erkennen, ob Ihre Planung realistisch ist.

- **P – Pufferzeit:** Planen Sie großzügig. Unvorhergesehenes und Schwankungen in Ihrer Tagesform führen dazu, dass Sie bis zu 50 Prozent der Zeit durch Störungen, Zeitdiebe und persönliche Faktoren einbüßen.

- **E – Entscheidungen:** Setzen Sie jetzt Ihre Prioritäten und reservieren Sie für die wichtigste Aufgabe einen ungestörten Zeitblock möglichst in Ihrer produktivsten Phase. Die restlichen Aufgaben passen Sie in absteigender Wichtigkeit in die verbleibenden Zeitfenster ein.

- **N – Nachkontrolle:** Blicken Sie nun auf den vergangenen Tag und ziehen Sie Bilanz. Was lief gut, was weniger? Was bedeutet das für die Planung des kommenden Tages? Was blieb mehrfach unerledigt? Was davon sollten Sie als Priorität behandeln, was ganz streichen?

Wichtig ist, dass Sie nicht nur Ihre Arbeit planen, sondern auch Ihr Privatleben einbeziehen. Setzen Sie feste Termine für Familie, Freizeit und Erholung und behandeln Sie sie mit der gleichen Ernsthaftigkeit wie berufliche. Schaffen Sie ein Gegengewicht zur laufenden Vereinnahmung durch Ihr Arbeitspensum und achten Sie auf eine faire Work-Life-Balance, die Sie auf Dauer leistungsfähig hält (s. Kap. 5).

2. To-do-Liste

Schultage bieten für Lehrkräfte meist eher zu wenig frei planbare Zeit. Außerdem zwingen dringende und überraschende Entwicklungen Sie vermutlich ständig,

Ihre Planung anzupassen und wichtige Vorhaben zu streichen. Das gilt im Unterricht genauso wie während des restlichen Tages. Dem können Sie auf der Ebene der Wochen- und Monatsplanung entgegenwirken, dabei Versäumtes nachholen und wichtige Ziele unabhängig von der Tageshektik einplanen. Die längerfristige Planung ist Ihr Joker gegen den Zeitdruck. Hier sorgen Sie dafür, dass Sie sich für alles, was Ihnen wichtig ist, in jeder Woche mindestens einmal Zeit nehmen. Dazu zählen auch Erholungszeiten: Jede Woche sollte einen arbeitsfreien Tag enthalten – das gilt auch für Lehrerinnen und Lehrer!

Als Instrument nutzen Sie am besten eine To-do-Liste: Eine Vorlage finden Sie auf der Website des Maiß-Verlags: https://www.maiss.de/zeitmanagement

In dieser Liste sammeln Sie alle anstehenden Aufgaben, wichtigen Projekte und Termine für den nächsten Monat. Notieren Sie auch Privates und achten Sie darauf, nach Möglichkeit für jeden Lebensbereich wichtige Ziele miteinzubeziehen: Familie und Freunde, Gesundheit und Ernährung und nicht zuletzt die persönlichen Ziele, die Ihrem Leben Sinn und Bedeutung verleihen, sollten Sie neben Ihren beruflichen Visionen stets im Blick behalten.

Halten Sie sich an die SMART-Methode, um Ihre Ziele möglichst konkret zu formulieren, und legen Sie auch gleich fest, wie viel Zeit zum Erreichen des Ziels nötig sein wird. Wenn eine Aufgabe länger als einen Monat in Anspruch nimmt, teilen Sie sie in Zwischenetappen

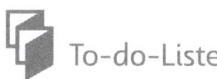 To-do-Liste

Datum	Priorität			Aktivität/Aufgabe/Projekt	Zeit-bedarf	Erledigt durch	Beginn	Fertig bis	OK
	A	B	C						
3.10	X			Klassenarbeit 6a korrigieren	4 Std.	selbst	9.10.	16.10.	
3.10.		X		Klassenarbeit 6b korrigieren – reicht eine Woche später wg. Klassenfahrt	4 Std.	selbst		23.10.	
6.10.	X			Geld für Schwimmbad einsammeln 6b		selbst		10.10.	
7.10.			X	Aufs Mitarbeitergespräch vorbereiten		selbst		28.10.	
7.10.			X	Geschenk für Holger besorgen		selbst		26.10.	
9.10.		X		Einladungen für Maries Party fertig machen		Marie		20.10.	
12.10.			X	Kfz-Versicherung kündigen		Holger		30.11.	

Verlag J. Maiß GmbH · Postf. 26 01 52 · Herrnstraße 26 · 80539 München

auf, die in kürzerer Zeit erreichbar sind. Sortieren Sie jede Aufgabe nach dem *Eisenhower-Prinzip* in die Kategorien A, B und C ein: Ist sie dringend und/oder wichtig? Überlegen Sie schon jetzt, was Sie wirklich selbst erledigen müssen oder wollen und was Sie delegieren, reduzieren oder sogar ganz streichen können.

Wochenplanung nach dem Kieselprinzip

Aus dieser To-do-Liste speisen sich nicht nur Ihre täglichen Aktivitäten, sondern auch die wöchentliche Planung. Für Letztere nehmen Sie sich eine halbe Stunde Zeit, am besten am Ende der vorhergehenden Woche, und füllen die kommende Woche mit Aufgaben.

Ein sehr hilfreiches Denkmodell ist dabei das Kieselprinzip:

Stellen Sie sich einen Eimer vor, in den einige große Steine, kleine Kiesel und Sand passen sollen. Wenn Sie zuerst die kleinen Kiesel oder gar den Sand einfüllen, dann haben Sie keinen Platz mehr für die großen Steine. Um den Platz am besten zu nutzen, beginnen Sie mit den großen Steinen, geben immer wieder ein paar Kiesel in die Lücken und füllen den Rest mit Sand auf. Nur so passt alles in den Eimer.

Übertragen auf Ihre Wochenplanung heißt das, dass Sie die wichtigsten Aufgaben zuerst verteilen. Im Kleinen haben Sie das bereits bei der Tagesplanung kennengelernt, doch unerlässlich ist dieses Prinzip, wenn es um die Planung längerer Zeiträume geht.

In Schulwochen ist der Stundenplan der größte Stein im Eimer. Viele weitere Aufgaben wie Korrekturen und Unterrichtsvorbereitung sind direkt davon abhängig und müssen in der Wochenplanung platziert werden. Diese Unterrichtsroutine dominiert den Berufsalltag – zumal der Lehr- bzw. Bildungsplan dem Schuljahr zusätzlich seinen eigenen Takt aufdrängt. Das birgt die Gefahr, die *eigenen Ziele* aus dem Auge zu verlieren.

Deshalb sollten Sie im Wochenplan ganz bewusst für jedes für Sie bedeutende Ziel einen Logenplatz mit ungestörtem Zeitfenster reservieren, vielleicht während einer Freistunde, vielleicht am späten Nachmittag, ganz nach Ihrem Biorhythmus und den verfügbaren Zeitfenstern. Da Sie nun eine ganze Woche planen, können Sie jedes Ihrer Ziele gebührend berücksichtigen und darauf achten, dass kein Lebensbereich zu kurz kommt. Während Sie bei der *Tagesplanung* vor allem auf *Effizienz* achten, stellen Sie bei der *Wochenplanung* sicher, dass Sie möglichst *effektiv* sind. Hier geben Sie die Richtung vor, in die Sie sich bewegen, und schaffen gut sichtbare Wegmarken, die Ihnen jederzeit darüber Auskunft geben, wo Sie eigentlich hinwollen.

Mit einem Tageskalender stellen Sie sicher, dass Sie keine dringlichen Aufgaben übersehen. In einer To-do-Liste sammeln Sie das Gesamtpensum über einen längeren Zeitraum und achten darauf, dass wichtige Aufgaben auch einen bevorzugten Platz in Ihrem Zeitmanagement erhalten.

3.3 Monats- und Jahresplanung

Ihre *To-do-Liste* ist bereits auf einen *monatlichen Zeitraum* ausgelegt. Sie sollten sie spätestens am Ende eines jeden Monats durchgehen und auf Unerledigtes prüfen, kontrollieren, ob Delegiertes erledigt wurde, sehen, wie weit Sie mit Ihren Zielen vorangekommen sind, und daraus Schlüsse für den nächsten Monat ziehen. In die To-do-Liste für den anstehenden Monat lassen Sie all dies einfließen und passen die Aufgaben entsprechend an. In der Summe ergeben Ihre Monatsplanungen eine Jahresplanung, wobei sich hier stets dasselbe Prinzip wiederholt:

- Sie klären zunächst für sich, was Sie im anstehenden Zeitraum erreichen möchten.
- Sie leiten daraus Projekte, Zwischenziele, Aktivitäten ab.
- Sie schätzen jeweils den Zeitbedarf ein und verdoppeln ihn dann, um Pufferzeiten zu bilden.
- Sie sortieren die Liste nach „wichtig" und/oder „dringend" und schaffen Prioritäten.
- Sie verteilen die Aktivitäten entsprechend ihrer Bedeutung über den vorhandenen Zeitraum.

Der Lauf des Schuljahres legt viele Aktivitäten und Planungspunkte fest. Das schränkt Sie in Ihrem Zeitmanagement ein, ist aus der Sicht der Planung aber von Vorteil: Weil viele Termine schon lange im Voraus feststehen, können Sie auf große Planungssicherheit bauen und einige Aktivitäten für das ganze Jahr festlegen. Und nicht nur das: Sie haben die Möglichkeit, Ihre Planung aus früheren Jahren wiederzuverwenden. Oft reichen kleinere Anpassungen an die Schwankungen des Ferienkalenders und Sie haben eine verlässliche und gut strukturierte Monats- und Jahresplanung vorliegen.

Beachten Sie bei der Planung Folgendes:

- **Nutzen Sie die Eisenhower-Matrix, um Aufgaben nach ihrer Dringlichkeit und Wichtigkeit einzuordnen.**
- **Folgen Sie einem festen Ablauf bei der Planung, und leiten Sie aus Vergangenem Lehren für die zukünftige Planung ab.**
- **Gehen Sie nach dem Kieselprinzip vor: Verteilen Sie zunächst die großen, wichtigen Brocken, dann kleinere Aufgaben.**

30 MINUTEN

4. Digitale Helfer sinnvoll nutzen

*„Irren ist menschlich, aber um etwas richtig durchein-
anderzubringen, braucht man einen Computer."*
Paul Ehrlich

Bei der Vorbereitung Ihres Unterrichts nutzen Sie sicher digitales Material aus früheren Schuljahren. Das
meiste davon bleibt aktuell oder lässt sich mit gerin-
gem Aufwand anpassen. Schließlich hat es ja keinen
Sinn, ständig das Rad neu zu erfinden.
Doch genau das geschieht oft bei der Planung. Termine,
Aufgaben und To-do-Listen werden neu aufgesetzt,
obwohl viele Details dabei mit früheren Versionen
identisch sind. Auch wenn Zeitmanagement natürlich
immer tagesaktuell sein sollte, heißt das nicht, dass Sie
jeden Tag von Grund auf neu planen müssen. Besonders Lehrkräfte können zahlreiche Daten nutzen, die
auf wiederkehrenden Ereignissen beruhen.

4.1 Analog oder digital – was ist besser?

Was auch immer früher mit Stift und Papier geschah – heute gibt es eine App dafür. Computer haben praktisch alle Tätigkeiten und Berufe durchdrungen. Auch Lehrkräfte schätzen digitale Hilfsmittel für die Unterrichtsgestaltung, etwa Programme zur Text- und Bildverarbeitung, Präsentationen und interaktive Medien, die sich als Lehrmittel in den Unterricht einbinden lassen. Zudem erleichtern Apps und Online-Kalender die Verwaltung von Terminen, Stundenplänen und Prüfungen. Auch Noten, Schülerbeobachtungen und Checklisten lassen sich online speichern. Und das Beste daran: Dank Tablets und Netbooks hat man wichtige Zahlen, Daten und Termine jederzeit elektronisch bei sich, egal ob bei Elternsprechtagen, Fachkonferenzen oder zu Hause.

Denken durch Schreiben

Dennoch sind Papier und Stift nicht aus unserem Leben verschwunden. Und vermutlich werden wir auch in Zukunft nicht darauf verzichten, wichtige Daten, Gedächtnisstützen oder spontane Gedanken analog festzuhalten. In jedem Haushalt gibt es noch einen Notizblock, selbst wenn das Festnetztelefon, neben dem er früher lag, längst verschwunden ist.

Nur rasch zwei Zeilen auf ein Blatt Papier schreiben und bei Bedarf kurz draufsehen: Diese Nutzerfreundlichkeit ist und bleibt unübertroffen. Was wir in dieser Weise aufschreiben, können wir aus unserem Gedächtnis streichen. Es zehrt nicht mehr an unserer Aufmerksamkeit. Darüber hinaus hat das Festhalten auf Papier noch einen weiteren Vorteil: Während wir notieren, kritzeln, skizzieren, beginnen wir, klarer zu sehen und Zusammenhänge zu erkennen. Papier hilft uns beim Denken.

Das Beste aus beiden Welten

Gleichzeitig schätzen wir die Vorteile, die uns etwa ein Online-Kalender bietet. Termine lassen sich verschieben, mit Details anreichern, synchronisieren, teilen und sogar per Online-Abstimmung auf ein Zeitfenster legen, das für alle passt. Die Frage ist für viele also weniger, ob digital oder analog, sondern eher, wie sich das Beste aus beiden Welten vereinen lässt.

Und so gehören Notizen und Skizzen für die meisten Lehrkräfte weiterhin zum Alltag. Alles, was dauerhaft und an unterschiedlichen Orten verfügbar sein soll, wird jedoch zunehmend online gespeichert. Viele dafür notwendige Tools wie Kalender oder Notizfunktion sind auf Smartphones und Tablets vorinstalliert, für andere Aufgaben wie Notenverwaltung oder To-do-Listen gibt es Programme und Online-Dienste. Manche Schulen haben sogar eigene Portale eingerichtet, die einige dieser Aufgaben übernehmen. Solche Portale haben für Lehrkräfte den Vorteil der Rechtssicherheit, wenn sensible Daten wie Noten oder Schülerdaten verarbeitet werden – wer einzelne Online-Dienste verwendet, ist dafür selbst verantwortlich.

Eine andere sichere und umfassende Möglichkeit sind Angebote wie die Maiß LehrerApp, aus der die Screenshots auf den nächsten Seiten stammen. Die App mit integriertem Online-Kalender und damit verbundenen Tools und Diensten dient als zentraler Planungsort für alle Anforderungen vom Stundenplan über Termine und Checklisten bis hin zur Unterrichtsplanung. Daten speichert sie ausschließlich nach europäischem Recht hoch verschlüsselt auf Servern in Deutschland.

So halten Sie Ihren Kalender aktuell

Wenn Sie einen Online-Kalender nutzen, sollten Sie regelmäßig alle auf Papier verstreuten Informationen digital einpflegen. Das können Sie täglich zu einem festen Zeitpunkt machen, etwa bei der Tagesplanung, zumindest aber einmal wöchentlich. Noten und Schülerbewertungen sollten Sie sofort bzw. gleich nach Ende der Stunde ins Online-System eingeben. Das erspart zusätzliche Schritte und stellt sicher, dass Sie die Umstände noch frisch im Gedächtnis haben.

Andere handschriftliche Notizen und Zettel sammeln Sie am besten an einem festen Ort, zum Beispiel einer Ablage auf dem Schreibtisch, die Sie künftig als Posteingang nutzen. Sobald Sie ein paar freie Minuten haben, gehen Sie die Papiere von oben nach unten durch und entscheiden sofort, was damit geschehen soll: als Aufgabe auf die To-do-Liste setzen, als Termin eintragen, delegieren, archivieren oder entsorgen. Das wichtigste Prinzip dabei: Was Sie in die Hand nehmen, bearbeiten Sie auch. Sie legen nichts zurück in den Posteingang, sondern versuchen, ihn so rasch wie möglich leer zu bekommen.

Wiederkehrende Ereignisse und Daten in Online-Diensten zu verwalten hat zahlreiche Vorteile. Das kann für Sie eine große Arbeitsersparnis bedeuten, erfordert aber die Disziplin, eventuelle papiergebundene Notizen regelmäßig einzupflegen.

4.2 Schultag und -jahr digital planen

Damit Zeitmanagement auch digital reibungslos funktioniert, müssen Online-Dienste und Apps einiges leisten. Die wichtigsten Anforderungen, die Lehrkräfte stellen sollten, sind:

- ein Schuljahresplan, der alle wichtigen Termine enthält,
- ein Stundenplan, der die sich wöchentlich wiederholenden Unterrichtsfächer zeigt,
- ein Kalender, der darauf aufbauend bei der Tagesplanung hilft, und
- To-do-Listen, die die wöchentlichen und monatlichen Aufgaben versammeln.

Optimal lassen sich die Vorteile des digitalen Zeitmanagements nutzen, wenn alle Funktionen in einer App zusammengeführt sind. Ansonsten können die notwendige Synchronisation und die doppelte Datenhaltung zu Problemen führen.

Schuljahresplan

Ferientermine und Feiertage hängen vom jeweiligen Bundesland ab. Spezielle Lehrer-Apps, bei denen Sie Ihr Bundesland eingeben und diese Daten automatisch übernehmen können, sind daher eine große Hilfe. So müssen Sie persönlich nur noch die an Ihrer Schule gültigen Termine eingeben, etwa Veranstaltungen, Ausflüge und nicht regelmäßig stattfindende Konferenzen. Die spätesten Abgabetermine für Noten und Bewertungen sollten Sie ebenfalls in den Jahresplan eintragen, damit Sie sie bei der Planung nicht übersehen.

Stundenplan

Der Stundenplan sollte als in wöchentlichem Rhythmus wiederkehrende Struktur angelegt werden können, die vor allem Schulstunden und -fächer enthält, aber auch Pausen, Sprechzeiten, Aufsichtsdienst und regelmäßige Konferenzen und Besprechungen. Ein passendes Lehrer-Programm bietet dafür einen eigenen Bereich an, in dem die wöchentlichen Fächer mit Klassennamen, Räumlichkeiten und idealerweise auch dem fortschreitenden Stoffstand geführt werden. Vor allem Letzteres lässt sich in den meisten Online-Kalendern nicht ohne weiteres umsetzen, sondern erfordert eine auf die Schule und den Bedarf von Lehrkräften zugeschnittene Software.

		Montag	Dienstag	Mittwoch	Donnerstag	Freitag
1	08:00 08:45	08:00 - 08:45 Deutsch 5a - 323			08:00 - 08:45 Deutsch 7a - 123	
2	08:45 09:30	08:45 - 09:30 Deutsch 5a - 323	08:45 - 09:30 Deutsch 7a - 123	08:45 - 09:30 Mathematik 6b - 107	08:45 - 09:30 Deutsch 7a - 123	08:45 - 09:30 Mathematik 6a - 312
☕	09:30 09:45					
3	09:45 10:30	09:45 - 10:30 Mathematik 7c - 212	09:45 - 10:30 Deutsch 5a - 323	09:45 - 10:30 Deutsch 5b - 121	09:45 - 10:30 Mathematik 7c - 212	
4	10:30 11:15			10:30 - 11:15 Deutsch 5b - 121		10:30 - 11:15 Mathematik 6b - 107
☕	11:15 11:30					
5	11:30 12:15	11:30 - 12:15 Mathematik 6b - 107	11:30 - 12:15 Mathematik 7c - 212	11:30 - 12:15 Mathematik 6a - 312	11:30 - 12:15 Deutsch 5b - 121	
6	12:15 13:00					
	13:00 14:00					

Tageskalender

In diesem Bereich laufen die Informationen zusammen und zeigen konkret an, was an festen Terminen ansteht, wo Freiräume für Planung und Administration bestehen und welche Aufgaben an diesem oder jenem Tag erledigt werden müssen. Die Daten speisen sich idealerweise automatisch aus den anderen beiden Bereichen und lassen sich direkt im Kalender auch editieren.

Schuljahr 2019/2020

Wochennotiz

		Mi, 11.09.19
	Ganztägig	
1	08:00 08:45	
2	08:45 09:30	08:45 - 09:30 Mathematik 6b - 107 (Bruchteile und Bruchzahlen - 1)
☕	09:30 09:45	
3	09:45 10:30	09:45 - 10:30 Deutsch 5b - 121 (Verstehend zuhören - 1)
4	10:30 11:15	10:30 - 11:15 Deutsch 5b - 121 (Verstehend zuhören - 2)
☕	11:15 11:30	
5	11:30 12:15	11:30 - 12:15 Mathematik 6a - 312 (Bruchteile und Bruchzahlen - 1)
6	12:15 13:00	
	13:00 14:00	13:00 - 14:00 Zahnarzt
	14:00 15:00	
	Aufgaben	Geld einsammeln 6b

To-do-Listen

Für Ihr digitales Zeitmanagement ist es von Vorteil, auch To-do-Listen online zu führen und die darauf basierende Tages-, Wochen- und Monatsplanung mit dem Schulkalender abzugleichen. Die Daten sollten möglichst automatisch im Hintergrund synchronisiert werden, damit Sie auf dem Arbeits- oder Schulrechner ebenso wie auf dem Tablet unterwegs die aktuelle Version vorliegen haben. Hilfreich ist die Möglichkeit, Aufgaben mit Terminen zu versehen und automatisch in Ihren Online-Kalender zu exportieren.

Auf diese Weise bieten Apps oder Online-Dienste einen zentralen Ort, an dem alle Ihre Daten jederzeit zur Verfügung stehen. Idealerweise funktioniert auch der Abgleich mit schuleigenen Systemen und Ihrem privaten oder anderen Online-Kalendern. Auf jeden Fall sollten Lehrkräfte darauf achten, dass Apps und Online-Dienste eine Offline-Funktionalität bieten: Sowohl WLAN-Netze als auch mobiler Datenempfang sind in Schulgebäuden oft suboptimal.

*Wenn Sie eine **Lehrer-App** oder eine andere digitale Lösung in Ihrem Schulalltag nutzen, sollten Sie darauf achten, dass sich Schuljahr, Stundenplan und Tageskalender zentral an einem Ort verwalten lassen. Sie haben auf Smartphone oder Computer dann stets alle Daten parat und können ohne großen Aufwand Ihre jeweilige Tagesplanung erstellen.*

4.3 Schulstoff, Noten und Aufgaben verwalten

Ein digitaler Schulkalender mit Terminen, Stundenplänen und Ihren aktuellen To-do-Listen ist bereits die halbe Miete. Doch um für Ihr Zeitmanagement die Vorteile von Online-Diensten voll zu nutzen, gibt es noch weitere Möglichkeiten:

- Eine Stoffverwaltung für jedes Fach, das den aktuellen Stand im Lehrplan zeigt
- Einen zentralen Bereich für Noten und Bewertungen
- Checklisten für schüler- und klassenspezifische Daten

Unterrichtsstoff – und -planung

Bei einer digitalen Unterrichtsplanung teilen Sie zu Beginn eines Schuljahres den Lernstoff in einem Fach in einzelne Unterrichtseinheiten mit bestimmter Stundenzahl auf. Das Planungstool verteilt diese Blöcke dann auf die zur Verfügung stehenden Stunden – und berücksichtigt dabei automatisch feststehende Termine für Ferien, Veranstaltungen und Ihre eigene Abwesenheit. So erhalten Sie eine realistische Planung, die Sie regelmäßig anpassen sollten, und sehen dann gleich, ob Sie zeitlich in Bedrängnis geraten.

Einmal angelegt (und laufend überarbeitet) kann die Stundenverteilung automatisch ins nächste Schuljahr übernommen werden. Das spart ab dem zweiten Mal viel Arbeit und nutzt wie von selbst gesammelte Erfahrungen. Manche Tools bieten sogar die Möglichkeit, die

Stundenplanung wiederum mit Unterrichtsmaterialien, etwa als PDF-Datei, zu verknüpfen.

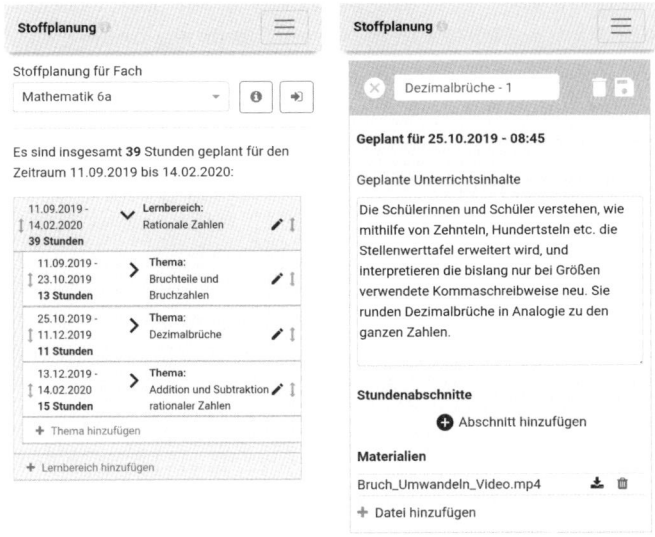

Ein weiterer Vorteil, den gute Lehrer-Apps bieten: Aus der digitalen Unterrichtsplanung kann man per Knopfdruck eine Dokumentation der tatsächlich durchgenommenen Unterrichtsinhalte generieren. Diese wird an vielen Schulen eingefordert und bedeutet für Lehrkräfte ansonsten zusätzlichen Verwaltungsaufwand.

Noten und Bewertungen

Wenn Sie über die Leistungen der Schüler online Buch führen, hat das viele Vorteile: Sie sind schneller, immer aktuell und behalten leichter den Überblick. In einem guten Online-System ist es darüber hinaus möglich, Querverweise zu setzen, sodass Sie bei Bedarf sofort Auskunft geben können, bei welchem Fachgebiet sich ein betreffender Schüler kürzlich eine schlechte Note eingehandelt hat. Außerdem bietet die digitale Eingabe der Noten und Beobachtungen die Möglichkeit, die Bewertungen automatisch mit Farben zu versehen, was wiederum die Übersicht auf einen Blick stark erleichtert.

Manche Angebote wie die Maiß LehrerApp erlauben es zudem, Beobachtungen mit Prüfungen zu verbinden, sodass in einem Arbeitsschritt zum Beispiel harte Noten, aber auch einzelne Kompetenzen verknüpft und erfasst werden können. Auch ist es bei der App möglich, ein Foto von markanten Merkmalen in einer Prüfung zu machen, sodass man den Eltern im Elterngespräch beispielsweise das immer falsch geschriebene Wort des Kindes zeigen kann, ohne eigens ein Papier dafür suchen und mitnehmen zu müssen.

Ein ganz entscheidender Vorteil für die digitale Verwaltung von Schülerbeobachtungen ist jedenfalls die Möglichkeit, Textbausteine dafür zu hinterlegen, die bei der Zeugniserstellung automatisch zusammengesetzt werden können, womit sich auf einfache Weise kleine Textgutachten generieren lassen. Insbesondere Fachlehrer, die nicht nur eine Klasse, sondern eine Vielzahl an Schülern bewerten müssen, können sich auf diese Weise immens die Arbeit erleichtern.

Checklisten

Es ist nicht immer leicht, sich in den vielen kleinen und großen Listen des Schulalltags zurechtzufinden: Hat der Leon jetzt seinen Rücklaufzettel schon mitgebracht, von wem brauche ich noch das Geld für den Ausflug, und hat die Lisa eigentlich Attestpflicht? Das wird analog zur verwirrenden Zettelwirtschaft, lässt sich aber online mit entsprechenden Werkzeugen sehr übersichtlich und einfach verwalten.

Manche Lehrer-Apps bieten dafür sogar einen eigenen Bereich an, in dem sich die entsprechenden Werte entweder für jeden Schüler einmalig setzen lassen, etwa beim Geld-Einsammeln, oder aber für jede Stunde und jeden Schüler erneut, beispielsweise bei der Anwesenheitskontrolle.

Zeitmanagement kann gerade für Lehrkräfte sinnvoll digital erfolgen. Dafür bieten sich Online-Dienste, Schulserver oder spezielle Apps an.

- *Digital lassen sich Kalender, Stunden- und Schuljahresplan sowie To-do-Listen einfach verwalten und synchronisieren.*
- *Einige Apps bieten die Möglichkeit, auch Unterrichtsstoff, Noten, Bewertungen und Checklisten online zu verwalten.*

30 MINUTEN

Mit welcher Einstellung gelingt es Ihnen, Dauerstress zu verhindern?
Seite 78

An sich selbst denken – ist das nicht egoistisch?
Seite 81

Wie schaffen Sie es, im Alltag die Zuversicht zu bewahren und positiv zu denken?
Seite 83

5. Wie Work-Life-Balance gelingt

„Wenn Stress Unkraut ist, dann ist Dringlichkeit der Samen. Pflanze ihn nicht, wenn du es vermeiden kannst."
Jason Fried

Viele Lehrkräfte lieben ihren Beruf. Sie setzen sich intensiv mit ihren Schülern auseinander, freuen sich über deren Fortschritte und gehen in ihrer Tätigkeit auf. Kurzum: Lehrerinnen und Lehrer sind Idealisten. Doch ein idealistischer Beruf mit starker sozialer Verantwortung führt leicht dazu, dass die Grenze zwischen Arbeit und Privatleben verschwimmt – noch dazu, wenn ein großer Teil der Arbeit zu Hause erledigt wird und gar nicht ganz klar ist, wo der Beruf aufhört und die Freizeit anfängt.

Doch nur wem es gelingt, sich regelmäßig auszuklinken und seine Batterien neu aufzuladen, der kann sich auf Dauer die Freude am Lehrerberuf erhalten und die täglichen Herausforderungen mit Kraft und Zuversicht angehen. In diesem letzten Teil geht es daher um das richtige Gleichgewicht von Anspannung und Loslassen: die Work-Life-Balance.

5.1 Dem Lehrer-Burn-out vorbeugen

Wie oft haben Sie sich in den letzten Tagen und Wochen gestresst gefühlt? Weil ständig Dringendes von uns verlangt wird, weil wir über unsere eigene Zeitgestaltung nicht mehr souverän entscheiden können, weil alles immer schneller, besser und mehr sein soll, kommen wir aus dem Dauerstress kaum noch heraus. Dabei ist es gerade nach hektischem Agieren wichtig, Ruhe und Gelassenheit zu finden.

Ursprünglich war Stress überlebenswichtig, ein hormonelles Feuerwerk, das uns bei Gefahr in Abwehrbereitschaft versetzt. Doch heutzutage gibt es keine Säbelzahntiger mehr, wir könnten auf Stress also eigentlich gut verzichten. Stattdessen sorgen andere Faktoren für Stress, gerade im sozialen Miteinander. Verantwortlich können Vorgesetzte sein, Eltern oder Schüler, Kollegen oder sogar unsere Familienangehörigen und Freunde. Auch das Internet kann zum Stressfaktor werden: Was in den sozialen Netzwerken geschieht, bringt uns oft in Rage. All das trägt dazu bei, dass wir nur selten wirklich entspannen können.

Dabei ist es gesundheitlich besonders wichtig, jeder Aufregung ein Äquivalent aus Entspannung entgegenzusetzen. Denn was uns krank machen und zu Burn-out führen kann, ist nicht die einzelne Enttäuschung, Schelte oder Reiberei, sondern der permanente Dauerstress. Wir fühlen uns überfordert, geraten aus der Fassung, verlieren die Freude – und erhöhen damit die Belastung noch zusätzlich. Wir geraten in eine gefährliche Stress-Spirale.

Starten Sie Ihr Anti-Stress-Programm

Damit Ihnen auf Dauer die Lust am Lehrerdasein nicht vergeht, müssen Sie Wege finden, mit den Stressfaktoren umzugehen, ohne dass Stress zu einem Dauerzustand wird. Anspannung und Stress sind bei diesem Beruf nicht ganz vermeidbar. Doch den Umgang damit kann man lernen – und zwar mithilfe von ganzheitlichem Zeitmanagement.

Stressfaktoren bestimmen

Stress und Belastungen können auf unterschiedlichsten Faktoren beruhen. Schreiben Sie am besten einmal alles auf, was Ihnen Stress bereitet, zunächst ganz spontan als unsortierte Liste. Stellen Sie sich folgende Fragen:

- Was macht mir im Moment gerade zu schaffen?
- Welche Aspekte des Schulalltags belasten mich?
- Welche Interaktionen führen immer wieder zu Stress?

Dann geben Sie jedem Stichwort einen Wert zwischen 1 („Das macht mir fast nichts aus") und 10 („Ich fühle mich massiv beeinträchtigt"). So finden Sie Ihre *größten Stressverursacher*. Diesen sollten Sie sich zuerst widmen.

Die richtige Einstellung finden

Viele Stressfaktoren können wir nicht beeinflussen. Aber wir bestimmen selbst darüber, wie wir auf sie reagieren. Indem Sie Ihre innere Einstellung überdenken, entdecken Sie sicher eine ganze Reihe von Möglichkeiten.

Ein Ansatz ist, bewusst Gelassenheit zu üben. Nehmen Sie sich einen Moment zurück, atmen Sie tief durch und wählen Sie bewusst Ihre Reaktion. Nach Kurt Lewin (1890–1947) haben Sie drei Möglichkeiten, mit der Situation umzugehen:

1. **Leave it – Distanz:** Sich aus der Situation herauszunehmen, ist eine wirksame Strategie, um Stress rasch abflauen zu lassen: Aus den Augen, aus dem Sinn. Lassen Sie das auslösende Ereignis links liegen und widmen Sie sich Angenehmerem.

2. **Change it** – **Veränderung:** Genauer betrachtet merkt man oft, dass es zu der stressigen Situation nicht zwangsläufig kommen muss. Organisieren Sie Ihren Tagesplan so, dass die entsprechende Situation gar nicht erst auftritt.

3. **Love it** – **Akzeptanz:** Wenn die beiden ersten Alternativen nicht möglich sind, lohnt es sich, zu versuchen, die Situation zu akzeptieren. Nicht alles ist nur schwarz oder weiß. Nehmen Sie hin, dass Sie im Moment nichts daran ändern können, und suchen Sie gezielt die positiven Aspekte heraus.

Soforthilfe bei Stress

Die folgenden drei Schritte helfen Ihnen, Stress nicht zu verdrängen, sondern sich ihm zu stellen und ihn gezielt auszuschalten. Das Programm eignet sich vor allem zur akuten Stressbekämpfung; es lohnt sich daher, sich die Schritte einzuprägen oder für unterwegs aufzuschreiben.

Schritt 1: Hinterfragen Sie die Situation.

Wenn Sie in einer stressreichen Situation aus der Haut zu fahren drohen, stellen Sie sich folgende Fragen:

- Was genau macht mir jetzt gerade Stress?
- Was wäre das Schlimmste, was passieren könnte?
- Wie wahrscheinlich ist es, dass dies wirklich eintritt?
- Was kann ich tun, um den Schaden einzugrenzen?

Schritt 2: Halten Sie Abstand.

Wenn der Stress überhandzunehmen droht, distanzieren Sie sich von der Situation. Schlüpfen Sie in die Rolle eines Beobachters und stellen Sie sich das Ganze auf einer Theaterbühne oder noch besser in einem Puppentheater vor. Was würden Sie der Person in Ihrer Rolle raten? Ist die Lage wirklich so gravierend? Oder ist es nicht eigentlich zum Schreien komisch?

Schritt 3: Blicken Sie in die Zukunft.

Was gerade geschieht, ist bald Vergangenheit. Versetzen Sie sich in die Zukunft, um eine Woche, ein Jahr, ein Jahrzehnt, und schauen Sie zurück: Werden die Umstände noch so wichtig sein, wie sie jetzt gerade scheinen? Könnten sie sogar Anlass für eine Veränderung zum Besseren sein?

Dauerstress macht krank. Gegen Stress hilft, die Situation neu zu bewerten und sich um Distanz, Veränderung oder Akzeptanz zu bemühen. In akuten Stress-Situationen können Sie versuchen, in drei Schritten Abstand und Ruhe zu gewinnen.

5.2 Der Weg zum Wesentlichen

Was Ihnen wichtig ist, ist lange genug zu kurz gekommen. Indem Sie sich auf Ihre eigentlichen Visionen und Ziele besinnen, füllen Sie künftig Ihre Zeit mit Sinn. Sie werden entspannte Zeitoasen inmitten Ihres Alltagstrubels entdecken, das Tempo Ihren Bedürfnissen anpassen und nicht umgekehrt und mit jedem Schritt deutlicher erkennen, worauf es Ihnen eigentlich ankommt. Sie werden den Weg zum Wesentlichen einschlagen.

Denken Sie öfter an sich selbst

Im Klassenzimmer schenken Sie Ihre Zeit und Energie jungen Menschen, um ihnen auf ihrem Weg ins Erwachsenenleben zu helfen. Dazu übernehmen Sie weitere Aufgaben, erfüllen Ihre administrativen Pflichten, leiten Referendare an und stehen Kollegen zur Seite. Das ist wundervoll.

Aber lassen Sie dabei nicht zu, dass Sie selbst zu kurz kommen! Nehmen Sie sich selbst genauso wichtig wie Ihre Berufung und Ihre Pflichten. Das hat nichts mit Egoismus zu tun. Schützen Sie Ihren wertvollsten Besitz: Ihre Gesundheit, Ihre Begeisterung und Ihren Optimismus. Nur so können Sie weiter das leisten, was Ihre Umgebung zu Recht von Ihnen erwartet.

Der erste Schritt auf dem Weg zum Wesentlichen besteht daher darin, öfter an sich selbst zu denken:

- Machen Sie eine Liste mit kleinen Freudespendern, Glücksmomenten und Aktivitäten, die Ihnen Spaß machen, und belohnen Sie sich mindestens einmal täglich.
- Gewöhnen Sie sich an, nicht sofort Ja zu sagen, wenn eine neue Aufgabe an Sie herangetragen wird. Erbitten Sie sich Bedenkzeit und bestehen Sie darauf, im Gegenzug andere Verpflichtungen abzugeben.

- Gönnen Sie sich regelmäßig eine Auszeit. Seien Sie dann nicht erreichbar; schalten Sie Ihr Smartphone aus oder deaktivieren Sie Benachrichtigungen; nehmen Sie einen Umweg und halten Sie inne.
- Tun Sie einfach mal nichts, ohne schlechtes Gewissen, ohne Plan und ohne Ablenkung. Langweilen Sie sich, das ist heute der größte Luxus, den wir uns erlauben können: einen kleinen Teil unserer Zeit komplett leer zu räumen, es uns darin gemütlich zu machen und die Langsamkeit zu bestaunen, mit der die Zeit vergehen kann.

Pflegen Sie andere Rollen

Sie sind nicht nur Lehrkraft, sondern auch Familienmitglied, Freund, Sozialpartner; Sie genießen Aktivitäten außerhalb der Schule, Sie tauschen sich mit Gleichgesinnten aus, Sie lernen gern Neues. Jeder von uns verfügt über eine Vielzahl an Rollen, Interessen und versteckten Talenten.

Beginnen Sie, Ihre Zeit bewusst für Dinge zu nutzen, die absolut nichts mit der Schule zu tun haben. Schaffen Sie einen Ausgleich zu den täglichen Herausforderungen Ihres Berufes und bereichern Sie Ihr Leben mit dem Zauber des Entdeckens.

Um sich intensiver auf das Wesentliche zu konzen- *trieren, sollten Sie strikt auswählen. Denken Sie öfter an sich selbst und tun Sie sich etwas Gutes. Pflegen Sie andere Rollen und freuen Sie sich über Entdeckungen.*

5.3 Positiv denken

Sie haben nun viele Ideen und Anregungen erhalten, wie Sie Ihre Zeit entsprechend Ihren persönlichen Zielen nutzen können. Damit diese Veränderungen dauerhaft greifen, ist eine gehörige Portion Zuversicht nötig. Sie müssen an sich glauben, an Ihre Fähigkeit, etwas zu bewegen und eine bessere Welt für Sie zu schaffen. Erst positives Denken verwandelt all Ihre Bemühungen um Effizienz und Effektivität in erfüllende Erlebnisse, die Sie motivieren und in Ihrem Leben weiterbringen. Hier sind einige Strategien dafür.

Optimismus
- Starten Sie mit Zuversicht in den Tag. Anstatt an all die möglichen Probleme zu denken, überlegen Sie,

worauf Sie sich freuen können: den guten Kaffee aus der neuen Espressomaschine, die nette sechste Klasse nach der Pause, den sonnigen Moment auf der Terrasse. Das hilft Ihnen schon morgens, Ihre gute Stimmung zu bewahren.

- **Schließen Sie mit Optimismus ab.** Denken Sie abends an alles, was gut geklappt hat, an freudige Erlebnisse und kleine Glücksmomente, die Ihnen der Tag gebracht hat. Eine gute Übung ist, sich jeden Abend stichwortartig drei schöne Dinge aus dem Alltag zu notieren. Das geht rasch und hat dennoch starke positive Wirkung.

- **Senden Sie positive Signale.** Ein Lächeln, eine warmherzige Geste, echtes Eingehen auf das Gegenüber – diese Signale sind ansteckend und sie wirken auf Sie zurück. Schicken Sie positive Gefühle auf die Reise und halten Sie sich von Miesepetern fern.

- **Feiern Sie Ihre Erfolge.** Denken Sie öfter an Dinge, die Sie in Ihrem Leben erreicht haben, an Ihre Erfolge, Höhepunkte und Siege, an all die Gründe, stolz auf sich zu sein. Das können große Meilensteine sein – das abgeschlossene Studium, das eigene Haus, der Nachwuchs – oder kleine Freuden, bei denen nur Sie allein wissen, wie viel sie Ihnen bedeuten. Wichtig ist, dass Sie sich mental in Siegerstimmung versetzen und damit die Basis für künftige Erfolge legen.

Glück

- Vereinbaren Sie einen Termin mit dem Glück. Glück ist ein scheues Wesen. Anstatt vergeblich darauf zu warten, zufällig darauf zu stoßen, helfen Sie ein wenig nach. Notieren Sie sich einen Glückstermin im Kalender und machen Sie etwas, das für Sie pures Glück bedeutet: eine Runde Tischtennis mit dem Sohn, eine halbe Stunde in der Hängematte, Ihre Lieblingsspeise. Machen Sie daraus einen wiederkehrenden Termin und freuen Sie sich auf die regelmäßigen Treffen mit Ihrem Glücksboten.

- Kultivieren Sie Gelassenheit. Üben Sie sich in der hohen Kunst des Ausklinkens. Nehmen Sie einfach hin, dass manches nicht zu ändern ist, und lassen Sie los. Lachen Sie darüber, lautstark und mit wackelndem Bauch. Und staunen Sie dann, wie sich Ihr Ärger in Nichts auflöst und in Glück verwandelt.
- Suchen Sie nach dem Flow. Flow ist der beneidenswerte Zustand völliger Hingabe, in dem wir ganz in

unserem Tun aufgehen. Er stellt sich ein, wenn wir mit etwas beschäftigt sind, das uns weder unter- noch überfordert, bei dem das Verhältnis von Her- ausforderung und eigenem Können in Balance ist. Wir vergessen die Welt um uns herum, werden we- der hungrig noch müde und verlieren sogar das Ge- fühl für die verstreichende Zeit. Sport ist ein mächti- ges Werkzeug, um in den Flow zu geraten, ebenso wie alle kreativen Tätigkeiten. Aber auch bei der Ar- beit kann es vorkommen, dass uns etwas Spaß macht, obwohl wir dafür bezahlt werden. Suchen Sie Flow-Erlebnisse.

30 *Achten Sie auf eine ausgewogene Work-Life- Balance:*

- *Kultivieren Sie Gelassenheit und nutzen Sie die Macht positiver Gefühle für Ihr Zeitmanage- ment.*

- *Optimismus und Dankbarkeit sind unfehlbare Verbündete auf dem Weg zu einer positiveren Lebenseinstellung, die Ihnen hilft, die eigenen Visionen mit Zuversicht zu verwirklichen.*

- *Beginnen und beenden Sie jeden Tag mit Ge- danken an etwas Schönes, auf das Sie sich freuen können.*

- *Schaffen Sie Glücksmomente, indem Sie sich etwas Besonderes gönnen, aus Frust und Ärger ausklinken und versuchen, regelmäßig in einen Flow-Zustand zu kommen.*

Fast Reader

1. Immer im Dienst

Lehrkräfte haben einen zweigeteilten Arbeitstag mit einem festgelegten Stundenplan und flexibler Zeit für Vor- und Nachbereitung des Unterrichts. Um Ihr Zeitmanagement zu verbessern, sollten Sie zunächst ein Zeittagebuch führen, in das Sie eine Woche lang alle Ereignisse eintragen und so Zeitdiebe aufspüren.

Der Schulalltag bedingt, dass Sie einige Besonderheiten bei Ihrem Zeitmanagement berücksichtigen sollten:

30

- **Überlegen Sie, welche Zeitdiebe Sie eliminieren können und welche nicht. Letztere lassen sich oft durch organisatorische Verbesserungen beeinflussen.**
- **Um unliebsame Aufgaben nicht länger aufzuschieben, sollten Sie freie Zeitblöcke in den produktiven Tagesphasen nutzen.**

- *Um auch Unvorhersehbares unterbringen zu können, ist eine großzügige Planung mit ausreichend Zeitreserven besonders wichtig.*
- *Bei akuten Krisen hilft es, Anfragen nach festen Regeln zu sortieren und die nächsten Schritte festzulegen*

2. Meine Ziele als Lehrkraft und Mensch

Werte und Visionen sind die Basis zielgerichteten Handelns. Welche Ihnen persönlich wichtig sind, sollten Sie durch Selbstreflexion herausfinden. Die richtige Auswahl von Zielen sorgt dafür, dass kein wichtiger Lebensbereich zu kurz kommt und Sie sich nicht verzetteln. Zwischenetappen gliedern den Weg in überschaubare Schritte.

Damit Wünsche Realität werden, müssen Sie sie in konkrete Ziele verwandeln:
- *Ziele sollten SMART, also spezifisch, messbar, aktionsorientiert, realistisch und termingebunden formuliert sein.*
- *Ziele sollten positiv formuliert werden, in der Gegenwartsform und möglichst detailliert.*
- *Jedes Ziel sollte einen motivierenden Satz dazu enthalten, warum Sie es erreichen möchten.*

- *Nehmen Sie sich nicht zu viel vor und gehen Sie maßvoll, aber stetig an die Umsetzung.*

3. Die Zeit in die eigenen Hände nehmen

Das wichtigste Prinzip für erfolgreiches Zeitmanagement ist, durch Planung dafür zu sorgen, dass wichtige Ziele nicht zu kurz kommen. Wenn Sie lediglich darauf achten, die Dinge richtig zu tun, also Ihre Effizienz steigern, kommen Sie zwar schneller voran. Wichtiger ist aber, dass Sie die richtigen Dinge tun, also Ihre Effektivität steigern. Bewährt hat sich eine zweigeteilte Planung: Mit einem Tageskalender stellen Sie sicher, dass Sie keine dringlichen Aufgaben übersehen. In einer To-do-Liste sammeln Sie das Gesamtpensum über einen längeren Zeitraum und behalten wichtige Aufgaben im Blick.

Beachten Sie bei der Planung Folgendes:
- **Ordnen Sie mit der Eisenhower-Matrix Aufgaben nach Dringlichkeit und Wichtigkeit.**
- **Folgen Sie einem festen Ablauf bei der Planung und ziehen Sie Lehren aus Vergangenem.**
- **Verteilen Sie zunächst die großen, wichtigen Brocken, bevor Sie kleinere Aufgaben darum herum arrangieren (Kieselprinzip).**

- *Nutzen Sie das Schuljahr und seine festen Termine, um Ihre Planung zu überprüfen und aktuell zu halten.*

4. Digitale Helfer sinnvoll nutzen

Wiederkehrende Ereignisse und Daten in Online-Diensten zu verwalten hat zahlreiche Vorteile. Das kann eine große Arbeitsersparnis bedeuten, erfordert aber die Disziplin, eventuelle papiergebundene Notizen regelmäßig einzupflegen.

Wenn Sie eine Lehrer-App in Ihrem Schulalltag nutzen, können Sie Stoff, Schülerdaten und Noten zentral an einem Ort verwalten. Sie haben auf Smartphone oder Computer stets alle Daten parat und können ohne großen Aufwand Ihre Lehrinhalte über mehrere Schuljahre nutzen.

Um Ihr Zeitmanagement an Lehrer-App und Schulkalender anzupassen, können Sie auch Ihre Planung digital erstellen.

- **Führen Sie die wöchentlichen und monatlichen To-do-Listen online. Dann können Sie Aufgaben umsortieren und in den Kalender kopieren.**
- **Übertragen Sie Ihre Tagesplanung in den App-Kalender, dann haben Sie Stunden- und Stoffplan schon vorliegen. Das erleichtert die Vor- und Nachbereitung des Unterrichts.**

- *Für die Erfolgskontrolle können Sie Kommentarfelder nutzen und sich selbst mit Smileys für die besten Ergebnisse des Tages oder der Woche belohnen.*

5. Wie Work-Life-Balance gelingt

Als Lehrkraft sind Sie ganz besonders durch Erschöpfung und Burn-out gefährdet. Die Ursache ist Dauerstress und fehlende Abgrenzung. Nutzen Sie Ihr Zeitmanagement, um dem gezielt entgegenzuwirken und Erholungszonen zu schaffen.

Achten Sie auf eine ausgewogene Work-Life-Balance:

30

- *Kultivieren Sie Gelassenheit und nutzen Sie die Macht positiver Gefühle.*
- *Optimismus und Dankbarkeit sind unfehlbare Verbündete auf dem Weg zu einer positiveren Lebenseinstellung, die Ihnen hilft, die eigenen Visionen zu verwirklichen.*
- *Beginnen und beenden Sie jeden Tag mit Gedanken an etwas Schönes, auf das Sie sich freuen können.*
- *Schaffen Sie Glücksmomente, indem Sie sich etwas Besonderes gönnen, aus Frust und Ärger ausklinken und regelmäßig versuchen, in einen Flow-Zustand zu kommen.*

Weiterführende Literatur

- Küstenmacher, Werner Tiki; mit Seiwert, Lothar: Simplify Your Life. Einfacher und glücklicher leben. 17. Aufl. Frankfurt / New York: Campus 2016.
- Oppolzer, Ursula: Zeitmanagement im Lehrerberuf. Effektive Strategien für einen organisierten (Schul-) Alltag. Mülheim: Verlag an der Ruhr 2014.
- Rohnstock, Dagmar: Zeit- und Selbstmanagement für Lehrende. 2. Aufl. München: Cornelsen 2012.
- Seiwert, Lothar: Das 1x1 des Zeitmanagement. Zeiteinteilung, Selbstbestimmung, Lebensbalance. 41. Aufl. München: Gräfe und Unzer 2019.
- Seiwert, Lothar: Die Bären-Strategie: In der Ruhe liegt die Kraft. 9. Aufl. München: Heyne 2018.
- Seiwert, Lothar: Die Tiger-Strategie: Wer für seine Erfolge nicht selber sorgt, hat sie nicht verdient. München: Ariston 2016.
- Seiwert, Lothar: Simplify Your Time. Einfach Zeit haben. Frankfurt / New York: Campus 2010.
- Seiwert, Lothar: Start Your Bullet Journal. Der neue Lebensplaner für deine Wünsche, Träume und Ziele. 4. Aufl. München: Knaur Balance 2018.
- Seiwert, Lothar: Wenn du es eilig hast, gehe langsam. Wenn du es noch eiliger hast, mache einen Umweg. 17. Aufl. Frankfurt / New York: Campus 2018.
- Seiwert, Lothar: Zeit zu leben. So bekommen Sie Ihr Leben in Balance. 3. Aufl. Offenbach: GABAL 2016.

Register

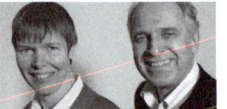

Unterricht wird einfacher - mit der **Maiß Lehrer-App**

Individuelle Unterrichtsplanung, Stoffverteilung, Schüler- und Notenverwaltung - alles an einem Ort und jederzeit verfügbar.

Mehr Informationen unter:
www.lehrer-app.com